国家社科基金"中国特色城镇化道路的区域响应、动力机制与政策创新"(11XJL008)的成果。

国家社会科学基金项目

中国特色城镇化道路的区域响应、动力机制与政策创新

魏丽莉 ◎ 著

中国社会科学出版社

图书在版编目(CIP)数据

中国特色城镇化道路的区域响应、动力机制与政策创新／魏丽莉著.—北京：中国社会科学出版社，2015.5
ISBN 978 – 7 – 5161 – 6045 – 9

Ⅰ.①中…　Ⅱ.①魏…　Ⅲ.①城市化 – 研究 – 中国　Ⅳ.①F299.21

中国版本图书馆 CIP 数据核字（2015）第 079332 号

出 版 人	赵剑英
责任编辑	任　明
特约编辑	李晓莉
责任校对	王　影
责任印制	何　艳

出　　　版	中国社会科学出版社
社　　　址	北京鼓楼西大街甲 158 号
邮　　　编	100720
网　　　址	http：//www.csspw.cn
发 行 部	010 – 84083685
门 市 部	010 – 84029450
经　　　销	新华书店及其他书店

印刷装订	北京市兴怀印刷厂
版　　次	2015 年 5 月第 1 版
印　　次	2015 年 5 月第 1 次印刷

开　　本	710 × 1000　1/16
印　　张	9.5
插　　页	2
字　　数	156 千字
定　　价	48.00 元

凡购买中国社会科学出版社图书，如有质量问题请与本社营销中心联系调换
电话：010 – 84083683
版权所有　侵权必究

目 录

绪论 ……………………………………………………………… (1)
  一 研究背景与选题意义 ……………………………………… (1)
    (一) 研究背景 …………………………………………… (1)
    (二) 选题意义 …………………………………………… (2)
  二 国内外相关研究评述 ……………………………………… (4)
    (一) 城镇化的道路选择 ………………………………… (4)
    (二) 城镇化的动力机制 ………………………………… (6)
    (三) 城镇化的区域差异 ………………………………… (8)
    (四) 城镇化的制度安排与政策支持 …………………… (9)
  三 研究内容与研究方法 ……………………………………… (10)
    (一) 研究思路 …………………………………………… (10)
    (二) 研究方法 …………………………………………… (11)
    (三) 研究路径与不足 …………………………………… (12)

第一章 中国特色城镇化道路的理论阐释 …………………… (15)
  一 相关概念界定 ……………………………………………… (15)
    (一) 城市和城镇 ………………………………………… (15)
    (二) 城市化和城镇化 …………………………………… (16)
    (三) 城镇人口和非农人口 ……………………………… (18)
    (四) 户籍人口城镇化率和常住人口城镇化率 ………… (19)
  二 中国城镇化道路的演变 …………………………………… (20)
    (一) 传统城镇化阶段 (1978—2001 年) ……………… (21)
    (二) 中国特色城镇化阶段 (2002 年至今) …………… (23)
    (三) 不同阶段的对比分析与演进逻辑 ………………… (27)
  三 中国特色城镇化道路的基本内含与发展现实 …………… (29)
    (一) 中国特色城镇化道路的核心价值 ………………… (29)

（二）中国特色城镇化道路的基本目标 …………………………（32）
　　（三）中国特色城镇化道路的基本现实 …………………………（35）

第二章　中国特色城镇化道路的区域路径响应与动力机制 …………（41）
　一　中国特色城镇化道路的地域分异 …………………………………（41）
　　（一）中国经济发展的区域差异 …………………………………（41）
　　（二）中国城镇化发展的区域差异 ………………………………（45）
　二　中国城镇化发展的区域类型划分 …………………………………（48）
　　（一）区域发展视角：东部地区、中部地区、西部地区 ………（49）
　　（二）城乡关系视角：双强型区域、强弱型区域、双弱型
　　　　　区域 ……………………………………………………………（52）
　　（三）空间布局视角：核心地区、重点地区、区域中心地区 …（53）
　　（四）功能承担视角：普通地区、特色地区、特殊地区 ………（56）
　　（五）综合视角划分：一类地区、二类地区、三类地区 ………（57）
　三　中国城镇化发展的地域分异原因 …………………………………（58）
　四　动力机制对中国城镇化地域分异的影响 …………………………（67）
　　（一）动力机制衡量指标的选取 …………………………………（69）
　　（二）动力机制对城镇化区域分异影响的模型设定 ……………（70）
　　（三）中国城镇化区域差异影响因素的实证 ……………………（72）
　　（四）三类不同区域城镇化发展的动力机制归纳 ………………（76）

第三章　我国城镇化质量的区域测度及评价 …………………………（77）
　一　城镇化质量测度评价体系的建立 …………………………………（79）
　　（一）城镇化质量评价体系的特点和建立原则 …………………（79）
　　（二）城镇化质量评价指标体系的设定 …………………………（81）
　二　城镇化质量测算过程 ………………………………………………（84）
　　（一）数据的来源与处理 …………………………………………（84）
　　（二）因子分析过程 ………………………………………………（86）
　　（三）聚类分析过程 ………………………………………………（94）

第四章　不同区域类型特色城镇化政策创新 …………………………（97）
　一　中国城镇化政策梳理与演变 ………………………………………（97）
　二　中国特色城镇化道路的理念转变 …………………………………（99）
　三　中国特色城镇化道路的政策创新 …………………………………（101）
　　（一）基于以人为本的均等城镇化政策创新 ……………………（101）

（二）基于提升质量的绿色城镇化政策创新 …………………（104）
　　（三）基于动力机制的地区城镇化政策创新 …………………（106）
　　（四）基于区际合作的联动城镇化政策创新 …………………（109）
　　（五）基于区域分类的差异城镇化政策创新 …………………（111）
第五章　三类城镇化区域：甘肃案例分析 ………………………（113）
　一　甘肃省城镇化的特点与发展现状分析 …………………………（113）
　　（一）甘肃省城镇化的典型特点 ………………………………（113）
　　（二）甘肃省城镇化的发展状况分析 …………………………（115）
　二　甘肃省城镇化水平与质量的区域差异测算及评价 ……………（118）
　　（一）指标体系的构建与数据的处理 …………………………（118）
　　（二）因子分析过程 ……………………………………………（120）
　　（三）聚类分析 …………………………………………………（123）
　三　甘肃省城镇化空间结构分布与动力机制 ………………………（124）
　　（一）甘肃省城镇化发展的空间结构特点 ……………………（124）
　　（二）甘肃省城镇化的动力机制研究 …………………………（128）
　四　甘肃省城镇化发展的对策建议 …………………………………（131）
　　（一）制度创新是加快甘肃城镇化发展的根本保证 …………（132）
　　（二）产业协调发展是甘肃省城镇化建设的重要支柱 ………（133）
　　（三）城镇空间合理布局是甘肃省城镇化发展的重要推动 …（134）
　　（四）城乡生态环境的友好发展是甘肃省城镇化质量的有力
　　　　　支持 …………………………………………………………（136）
　　（五）提高真实度与协调度是甘肃省城镇化建设的重要
　　　　　保障 …………………………………………………………（136）
结语 ……………………………………………………………………（138）
参考文献 ………………………………………………………………（140）

绪　　论

一　研究背景与选题意义

（一）研究背景

城市是社会生产力发展到一定阶段的产物，是人类文明发展的标志。城市化是人类社会走向现代化的必经历程，是工业化进程和社会经济发展的必然产物，也是衡量国家和地区社会组织程度和管理水平的重要标准。放眼当今世界，多数发达国家的城市化已经发展到了较高的水平，处于城市化的成熟阶段，而欠发达国家和地区的城市化问题渐渐的成为21世纪全球经济发展的重要课题。中国作为世界上人口最多的发展中国家，其城镇化发展问题必定备受瞩目。

改革开放以来，我国的城镇化建设逐步走上正轨，城镇化的发展先后经历了农村改革的推力阶段、城市发展的拉力阶段、市场化改革与体制转型为主的阶段和中国特色城镇化道路的形成阶段。[①] 在这样的转变过程中，国家改革与政策的成功充分体现在城镇化的进程中，与此同时，相关的政策失误也不可避免地在城镇化进程中体现出来，导致了城镇化发展过程中的一系列问题，如城乡分割的体制拉大了农村与城镇的发展差距，地区发展政策的不同加剧了城镇化发展的区域差异化，大量的农村人口涌向城市加剧了城市的承载压力，城乡开发建设的盲目扩张导致对资源的浪费和环境的破坏，宏观调控体系与市场经济体制的不完善掣肘了城镇化的规范与合理发展等。今后我国城镇化的发展，必须足够重视和妥善处理这些

---

① 陈锋：《改革开放三十年我国城镇化进程和城市发展的历史回顾和展望》，《规划师》2009年第1期。

问题。

由于我国幅员辽阔，地区经济发展的不平衡性较为显著，城镇化发展的地域差别性也比较突出。以城镇化率的统计数据为例，2012年我国城镇化率为52.27%，而东部地区的上海、北京、天津三个直辖市的城镇化率均在80%以上，广东、浙江、江苏等省份的城镇化率也高于60%，但中西部地区的许多省份城镇化率尚低于50%，更有一些省份低于40%，[①]这显示出我国城镇化发展的地区不平衡性。事实上，我国城镇化发展的地区不平衡性不但体现在东中西部各区域板块之间，也体现在不同的省份乃至市、县之间。此外，我国城镇化发展的地区差异性，也不单表现为城镇化数量水平的差异，也体现在城镇化发展的质量水平方面。因此，我国城镇化的发展也必须处理好区域协调发展的问题，因地制宜地处理好不同类型的地区，特别是落后地区的城镇化发展问题。

2012年，我国城镇人口已经达到7.1亿，城镇化率基本达到世界平均水平。[②] 2013年12月在北京举行的中央城镇化工作会议指出，今后我国的城镇化建设要更加的注重质量，更加以人为本，更加注重中西部地区的城镇化，这为我国未来一段时间的城镇化建设提供了重要指引。新的历史时期，城镇化的发展肩负着提高我国经济水平的艰巨使命，及时总结中国城镇化的发展历史，汲取发展过程中的经验和教训，并结合中国的实际情况探索中国城镇化的发展规律，对引导中国城镇化的未来发展方向，具有重要的现实意义。

（二）选题意义

1. 理论意义

首先，本研究的选题将有助于丰富城镇化的理论研究。自从城镇化这一研究课题被提出以来，各国社会学家、经济学家、历史学家、地理学家、城市学家、生态学家都对城镇化发展的问题进行了多领域、多角度、多方法、多层次的研究，但是从一国城镇化发展中的地区分异、空间响应等角度研究的并不多见。本研究在系统分析中国区域发展状况和区位条件的前提下，对中国各地区的城镇化发展类型进行划分，并在此基础上进行

---

① 相关数据来自《中国统计年鉴2013》。
② 引自中央城镇化工作会议，2013年12月。

动力机制的研究和发展政策的创新。这样的研究对今后各地区的城镇化问题研究提供了新的角度和视野,对丰富我国城镇化的发展理论具有重要意义。同时,本研究在案例分析部分对我国欠发达省份——甘肃省的城镇化发展问题进行探究,有利于丰富欠发达地区城镇化发展的理论。

其次,有利于促进城镇化发展战略的研究。一个国家的城镇化发展,是该国家在一定时期经济、社会、文化等诸多方面的内在要求,具有多重性和综合性。城镇化发展战略的正确与否,会直接或间接地影响到一个地区的经济、社会、环境等方方面面。因此,对城镇化发展的研究要结合到区域经济学、环境经济学、城市地理学、产业经济学、发展经济学以及制度经济学等诸多学科的相关理论,本研究即是在充分结合城镇化发展各学科理论的基础上进行中国城镇化问题的研究,丰富了城市化发展战略的研究。

2. 现实意义

首先,有助于我国城镇化战略的实施和经济社会的发展。在我国这样一个人口众多的发展中大国实现城镇化,在国际上没有先例。推进城镇化必须从我国社会主义初级阶段的基本国情出发,遵循规律,因势利导,使城镇化成为一个顺势而为、水到渠成的发展过程。城镇化战略的合理实施,将有利于释放我国巨大的内需潜力,有利于促进我国的产业结构升级,有利于提高劳动生产率,有利于破解城乡二元结构,有利于促进社会公平和共同富裕,从而有助于我国的社会主义现代化建设。本研究对我国城镇化的研究,将对我国城镇化战略的实施起到指引作用。

其次,有利于提升我国城镇化发展质量,促进我国各地区城镇化的协调发展。改革开放以来,我国人口城镇化的发展速度整体是比较快的,但是我国城镇化发展过程中暴露出的一系列问题却折射出城镇化发展只重速度不重质量的状况。当前我国整体的城镇化率已经处于相对较高的水平,今后的发展中应当更加注重城镇化的发展质量。此外,针对我国区域城镇化水平差异明显的现状,怎样结合各地区的实际,提出不同地区(特别是落后地区)城镇化发展的动力机制,并有效地推动区域城镇化联动发展,无疑是摆在我国当前城镇化建设实践中的重要问题,本书将分别对这些问题进行讨论。

最后,为落后地区的城镇化发展提供范例,有利于指导落后地区的城镇化发展。本研究最后以我国的欠发达省份甘肃省城镇化发展为例,探讨了甘肃省城镇化的发展现状、发展条件、空间分布特点、动力机制等内容，并最终提出了甘肃省城镇化发展的政策措施，这为甘肃省因地制宜地搞好本省的城镇化提供了借鉴。由于甘肃省城镇化发展的落后性和典型性，其城镇化发展也将为其他欠发达地区的城镇化建设提供范例，从而推动我国欠发达地区的城镇化建设。

二 国内外相关研究评述

鉴于城镇化对经济社会发展的重要意义，近几十年来众多的国内外学者对我国的城镇化问题进行了全方位、多视角的研究，并取得了许多有价值的成果。为了更好地把握我国城镇化发展的特点和规律，本部分将有选择地对已有的关于我国城镇化发展研究的成果进行回顾。

（一）城镇化的道路选择

在我国城镇化的道路选择方面，经济学家帕金斯教授（1992）结合中国改革开放的大背景分析了中国城市化的走向。他认为，中国是否走出一条与众不同的城市化道路需要详细的分析。在有计划的经济时代，由于可以控制农村劳动力流动，中国确实走出了一条与众不同的城市化道路。但实行市场经济改革之后，由于市场经济鼓励人们从低收入地区流向高收入地区，中国的劳动力应该是可以自由流动的，城市要素市场特别是劳动力市场的发育，会加快促进农村劳动力向城市流动。因为在一个功能完备的劳动力市场中，劳动力在农村和城市之间是互相联系的。因此，中国的经济改革和政治上的分权将使中国的城市化转向亚洲国家发展的主流轨道，大量的农村劳动力进入城市也会使中国的城市人口增长达到亚洲国家的水平。乔治·高登（1992）认为，中国的城市化道路与其他发展中国家不同，如果说印度的城市化过程充满了农业破产和农业成为工业的附庸，农村劳动力的进城成为一个没有控制的移民潮流，导致了巨大的失业人群和农村地区荒芜的话，那么中国的经济发展和改革则加快了农村繁荣、农村工业和农村乡镇的增长，这几个方面的结合推动了中国农村地区的城市化。中国城市化一个是要处理好农村的移民问题，另一个就是要加快发展大城市，改变20世纪六七十年代的大城市压制政策。农村劳动力在20世纪80年代初期曾实行"离土不离乡"政策，但日益增加的向大城市的移民数量说明了这一政策的失败,大城市在中国城市化发展中有其特殊的作用,今后会加快发展。

关于我国城镇化道路的选择,国内学者也先后提出了许多有价值的见解,归纳起来有:(1)以费孝通(1983)、温铁军(2000)等为代表的小城镇论。这种观点认为,改革开放以来,我国在小城镇建设方面已经具备了许多的经验,而小城镇的发展可以更好地把城乡两个市场联系起来,促进农村二三产业的发展,并缓解大城市的人口膨胀压力等。(2)以刘纯彬(1988)、肖金成(2008)等为代表的中等城市发展论。该观点认为,中等城市的发展规模更适合我国的国情,能够实现经济效益和社会效益的较好统一。中等城市和小城镇具有节约耕地、减少能源浪费和环境污染等优点,同时有利于发挥中等城市对地区经济的带动作用。(3)以王嗣均(1995)、张善余(1993)、李迎生(1988)等为代表的大城市发展论。该观点认为,发展大城市对我国聚集资本、人口,缓解土地压力作用明显,同时我国工业化的发展也需要大城市的支撑。此外大城市在创造市场需求、建立市场经济、推动政府职能转变、辐射中小城市的发展方面具有较大的优势。因此该观点曾一度对我国控制大城市发展的政策提出质疑。(4)以王颖(1985)、蔡宇平(2001)等为代表的均衡发展论。该观点认为,大中小城市的区别是暂时的和相对的,大中小城市在基础设施建设和二三产业发展方面具有优势。中国的城市化发展应当形成以大城市为领导,以中等城市为支撑,以各类小城镇为基础的多元化城市发展,实现我国城市规模的有层次、系统性的发展。(5)多元化发展模式论。这种观点从城市化的内涵和中国城市化的发展状况出发,提出构建与各地区经济发展水平相协调的多元城市化道路,要实行可持续的城市发展战略,走集中型城市化与分散型城市化相结合的道路等,并认为这样做既有利于实现中国城市化水平的提高,又有利于加快地区经济社会的发展。(6)城市群发展理论。一些学者认为,由于中国的城市功能单一,制约了城市化的发展,而要解决这一问题,需要走以城市群为主的城市化道路。而从世界城市发展经验看,多数经济发达国家都是以城市群为城市化的发展模式。因此中国急需发展大城市群和大都市区。(7)梯度推移理论。有的学者认为,由于我国经济分布的不平衡性,应当首先把有条件的高梯度地区作为开发的重点,然后顺次向低一级的梯度推移,从而加快区域经济发展的平衡性。农村劳动力的流动也应当依据产业梯度和区位梯度的特点,逐渐实现其梯度转移。同时，这样的梯度转移不是单一的由东向西，而应当是结合实际的多向推移。

通过观察发达国家的城市化发展进程发现，发达国家城镇化发展呈现出明显的两阶段特点：以"集中"为特征的第一个阶段和以"分散"为特征的第二个阶段。20世纪50年代前后，主要的发达国家在工业革命的推动下，工业和人口开始了持续、大规模的集中，这促使了城市数量的增加和城市规模的扩大等。但是，由于城镇人口的大量聚集，导致了城市交通堵塞、环境恶化等问题接踵而至，"城市病"问题渐渐浮现。在这种情况下，西方发达国家城市化过程中出现了"市郊化"现象，许多城市居民开始由城市中心地域向郊区迁移。这一阶段的城市发展模式表现为城市中心区域人口增长停滞，城市周边地区不断扩张，卫星城发展迅速。我国的城镇化发展不同于发达国家，不能照搬发达国家的城镇化发展模式，而应当合理规划城市发展的不同等级和规模，妥善安排城镇规模与人口规模的协调，走出一条城市群与都市圈并存、大中城市与小城镇协调发展的多元城市化发展道路。

（二）城镇化的动力机制

在城镇化发展的动力机制方面，工业化往往是发达国家实现城市化的主要驱动力，而农业的发展为工业化和城市化提供了基础的保障。英、法、德、美、日等国依照其工业化开始的早晚，先后实现了城市化。在工业化和技术革命的推动下，资本逐步打破了对土地的依附，而按照其自身固有属性开始自由流动，导致了农村剩余劳动力和金融资本向城市大量的涌入。另外，科技水平的提高和交通运输条件的改善，为城市的发展和扩张提供了支持条件，促使了众多的工商业部门和服务业部门向城市聚集。由于单纯的城市人口自然增长难以满足发展中的城市对劳动力的大量需求，所以劳动力开始在价值规律的作用下自发地迁往城市。同时，较高的工资、福利水平和城市生活水平也吸引着农村人口进城，这就形成了城市化的过程。

城市化发展不仅需要工业化推动，而且需要农业提供足够的经济剩余。农业发展为工业化和城市化提供的经济剩余包括产品剩余、资金剩余和劳动力剩余，工业的发展也需要农村的广阔市场。因此，农业发展是城市化的重要基础。发达国家较好地处理了工业化、城市化和农业发展的关系，在工业化的同时进行农业革命。英国通过提高耕作技术和选用优良品种，使农业劳动生产率得到提高，保证了城市化发展。美国通过推广农业机械化和发展集约经营，较早实现了农业的现代化。

我国学者关于城镇化动力机制的论述，主要体现在以下几个方面：（1）城镇化发展的主体行为理论。学者杨重光（1987）认为，一个国家城市化的基本动因包括两个，一是城市工业的发展与扩张导致了对劳动力需求量的增加；二是农村地区农业劳动生产率的提高释放出的剩余劳动力需要在农村以外寻找出路。概括为城市的"拉力"和农村的"推力"共同作用。阎小培（1998）认为，我国城市化的动力机制可以简单划分为两种类型，即自下而上型和自上而下型。前者主要通过乡村工业化来推动乡村城市化，在此过程中乡村集体和个人投资起着主体的作用。后者则通过国家有计划地投资建设新城或者扩建旧城规模等来推动乡村向城市的转型。（2）城镇化发展的产业推动理论。李树琮（2002）认为，经济社会结构发展演变的根本原因是在于生产力的发展，城市化的产生与发展也不例外，是受生产力发展的作用。工业化必然会推动城市化发展，因为工业发展的集聚以及工业化水平的提高是促进城镇化发展的重要动力。过杰（2001）认为，工业化是城市化的基本动力。冯云廷（2001）认为，产业集聚是城市形成和发展的重要因素，因此其也是城市化的机能。（3）城镇化发展的市场理论。覃成林（2001）认为，城市化的动力机制就是市场机制，市场规律支配了城镇化的发展与演变，因此可以认为是市场机制主导了城市化进程。饶会林、陈福军（2001）认为，城市化是其自身内在机制发生作用的结果，而城市的发展也受市场机制的调节。（4）城镇化发展的制度理论。刘传江（1998）认为制度对城镇化的进程有重要影响，与城镇化相关的制度通过影响非农化和城乡要素的流动进而影响城镇化的进程。曹培慎和袁海（2007）认为制度因素和一二三产业一样在城市化发展中起着重要的作用，我国当前在产业发展的同时要认真检视各项阻碍城市化发展的制度项目，以期形成推动城市化进程的制度合力。（5）城市化发展的比较利益理论。傅崇兰（2001）认为，相对二三产业而言，农业的比较收益很低，农业产业与非农产业之间存在的巨大的收益势差导致劳动力从农村向城镇转移。曹宗平（2004）认为，由于城乡之间存在着包括收入水平、受教育机会、文化娱乐、交通通信以及个人价值实现等方面的差距，因此乡下人往往倾向于选择到城镇生活。此外，随着我国经济社会的发展和进步，有的学者也分别从外资、金融、交通、教育、文化等角度对我国城镇化发展的动力机制进行论述，并提出对应的建议。

发达国家城镇化发展的共同特点反映出农村的发展、农业现代化水平的提升以及工业发展水平的提高对城镇化发展的意义重大，因此我国的城镇化建设应当合理地与农业现代化、新型工业化等结合起来。此外，在新的发展时期，我国的城镇化建设也应当重视基础设施建设、第三产业的发展、制度与政策的合理安排等对我国城镇化的重要促进作用。

（三）城镇化的区域差异

美国著名汉学家施坚雅较早地关注了我国城镇化的区域差异问题，施坚雅（2000）认为，除了行政因素外，影响城市化地区差异的因素还包括五个紧密相关的因素，如人口密度、地区劳动分工状况、科技发展水平及其在交通等领域的运用、地区商业化程度、地区对外贸易水平等，在这些因素的交叉和共同作用下，地区城市化发展差异也不断演化。此外，Marton（2000）认为，依据经济发展水平把中国大陆划分为中、东、西部三个地区便于研究当前地区经济发展差距，对城市化研究意义重大。Cook等（2007）研究了社会主义市场经济下的城市化规则和城市社会空间规则的变化。

在有关区域城镇化的发展问题中，我国学者也做了许多研究，主要观点如下：（1）四大经济区域的城镇化研究理论。曹广忠（2008）等运用数学方法得出了我国东部各省区由于城镇化的发展条件不同，所以城镇化发展速度的空间不平衡性仍普遍存在。马金书（2005）、厉无畏（2010）等分析了西部地区城镇化发展的现状、问题以及发展的优势条件，给出了促进西部地区城镇化发展的建议。闫能能（2012）、王开泳（2008）和程遥（2011）、孙弘（2009）等人也分别对中部地区和东北地区的城镇化发展问题进行分析，提出相应的对策。白志礼、张绪珠（2009）等对中国四大经济区域城镇化发展的特征与趋势进行比较，指出我国四大区域应根据各自城镇化发展特征，制定有差别的城镇化发展战略。（2）特殊地区的城镇化发展研究理论。王铁（2004）明确指出了我国欠发达地区城镇化发展的六个发展优势，并主张欠发达地区人们发挥主观能动性实现赶超和跨越式发展。王雅红（2010）、冯尚春（2005）对我国民族地区城镇化问题进行研究，提出民族地区城镇化发展的总体思路，以及民族地区内部各地区因地制宜地发展城镇化的对策建议。(3) 省域及其他区域城镇化发展的相关研究。如王志电 (2008)、胡丽娅 (2000)、李广舜 (2008) 三人分别对河南、江苏、新疆三省区的城镇化问题进行研究，各地区城镇化发展中既存在一些共性的问题，又具备各自的特点和侧重。何燕子 (2002) 对湖南湘西地区的城镇化发展问题进行研究，阐述了湖南湘西城镇化发展的优势和潜力、战略布局和措施，提出了湘西城镇化的新思路。

城镇化发展的区域差异问题是一个普遍性的问题，即使是世界上的发达国家，其不同地区的城镇化水平也存在差异。但中国作为世界上最大的发展中国家，由于区位条件、经济条件等的限制，不同区域的城镇化水平差距相对过大，因此在当前的城镇化建设中必须妥善处理区域协调发展的问题，特别应当注重中西部落后地区的城镇化发展问题。

(四) 城镇化的制度安排与政策支持

西方学者的研究发现，中国的城镇化发展具有相当的独特性，中国经历的是具有自身特色的城镇化过程。C. Cindy Fan (1999) 认为，对于社会主义经济条件的中国，把经济因素作为促进其城市增长的主要决定因素未必适用，而制度因素则可能在中国的城市发展中起到关键性的作用。所以，政府在城镇化发展中起着重要的作用，政府为推动城镇化发展所制定的政策对中国的城镇化发展具有重要的影响。Sen-Dou Chang (1986) 认为中国过去实施的鼓励小城市发展、限制大城市发展的政策使得中国的城市规模分布偏离了西方正常的城市规模曲线。

在关于城镇化发展的制度安排和政策支持研究中，我国学者主要存在以下观点：(1) 关于城镇化发展中的制度创新和制度变迁问题。陈玉光 (2010)、王本兵 (2011)、窦金波 (2010)、吴靖 (2006) 等人分别对我国城镇化发展中的制度因素进行研究，主要从户籍制度（包括农民工市民化）、土地流转制度、就业制度、社会保障制度、公共设施和企业制度等方面展开研究，希望通过渐进性的制度变革，消除农村剩余劳动力向城镇转移的制度障碍，并进一步落实城镇发展中的各项制度，以更好地推动我国城镇化的发展。刘桂文 (2010) 则从城镇的规划、产业优化、城乡人口转移、城镇建设、管理及服务等方面探讨县域城镇化发展策略，以提出县域城镇化发展的政策创新。(2) 关于城镇化发展的政策思路研究中，王建志、吴作章（2011）结合我国城镇化发展的基本方针对我国城镇化发展的现状和问题进行了研究，认为我国城镇化发展的政策思路应该是规划形成以组团式城镇群为主的城镇体系、推动农村城镇经济的发展、加快建立高效合理的城镇化发展融资机制以及建立市场化的农村城镇化管理机制，以此来推动中国城镇化的区域协调发展。吴江、王斌（2009）等研究了新型城镇化建设过程中的地方政府行为，提出地方政府应该从规划、指导、干预和规范四个方面解决好新型城镇化的发展问题。无独有偶，张建英（2006）也论证了我国民族地区城镇化发展中的政府行为，并把城镇化发展中的政府行为分为五块，分别是统筹规划、政策引导、法律规范和综合管理、舆论引导以及组织协调行为。叶耀先（2006）在对我国城镇化发展态势进行分析后提出了城镇化可持续发展的几大建议，涵盖了全面、协调、环保、创新管理等新型城镇化的含义。

发达国家城镇化主要靠市场推动，而中国城镇化发展的动力机制是政府推动和市场拉动的结合，国家的政策和政府的行为在城镇化进程中起到重要作用。因此，走中国特色的城镇化道路，保证中国城镇化的平稳健康发展，必须努力消除现存的制度与政策中不利于城镇化顺利发展的方面，并通过建立和健全中国特色城镇化道路的制度和公共政策支持体系，促进中国城镇化的健康发展。

三　研究内容与研究方法

（一）研究思路

本书的内容主要分为五个部分，分别为：

第一部分在界定城镇化的相关概念的基础上，对我国城镇化道路的理论发展过程进行了全面地阐释。改革开放以来我国的城镇化建设过程大体上可以分为传统城镇化和中国特色城镇化两个阶段，各个阶段的城镇化发展各有侧重又特色鲜明。鉴于传统城镇化发展中的诸多弊端，中国特色的城镇化道路在发展过程中更加注重城镇化发展质量的问题，在发展理念上更加注重人本精神、和谐精神等的统一，是与我国国情相符合的城镇化发展道路。

第二部分着重探讨了中国特色城镇化道路的区域路径响应与动力机制

的问题。根据城镇化发展的空间差异性，可以从不同的角度对我国的城镇化水平进行区域划分，最终通过综合角度把我国31个省、市、自治区划分为城镇化发展的三大类型区。由于各个类型区的发展基础和禀赋条件等不同，在促进不同类型区的城镇化发展的过程中必须因地制宜、各有侧重，亦即动力机制方面的不同。针对当前各类型区域城镇化建设中暴露出来的种种问题，以及区域间发展不协调的问题，应当从行政干预、城乡结构、区域结网等方面进行努力，放眼长远，理性处理好区域协调发展的问题。

第三部分在广泛借鉴众多学者对城镇化质量测度研究的基础上，尝试建立了一套城镇化发展质量的评价指标体系，来对我国31个省、市、自治区的城镇化质量进行测算，得到了各省区的质量得分，并在此基础上对各地区的城镇化质量的特点进行分类，与第二部分对我国城镇化水平不同类型区的划分相对应，综合分析了城镇化发展三大类型区的特点。

第四部分探讨了不同区域类型的特色城镇化的政策创新问题。在简单地回顾和梳理了中国城镇化政策演变之后，结合中国特色城镇化道路的创新要求和核心要求，从以人为本、区域差异化、自我发展、持续发展等方面提出了地区城镇化发展的政策创新要求。

第五部分以甘肃省城镇化发展问题为案例进行分析。甘肃省属于我国的西部落后省份，通过对甘肃省城镇化数量水平和质量水平进行测度，可以发现其属于城镇化发展中的第三类型区域。对甘肃省城镇化发展状况的研究表明，甘肃省内部各州市的城镇化水平呈现出明显的空间不平衡性，如何合理地根据省内各州市的具体实际确定城镇化建设的合理对策，都是本部分研究的内容。

（二）研究方法

本研究主要采用了以下的研究方法：

1. 系统研究法

系统研究方法是把所研究的事务看作一个系统整体，努力通过分析、评价、综合等方法来实现系统的最优化。该方法可以使研究所做的分析更为全面、评判更为科学、综合的结果更为有效等。中国特色城镇化道路的发展问题，即是一项系统工程。本研究对我国城镇化道路问题的研究主要从城镇化发展的区域响应、动力机制与政策创新等方面展开，各部分内容相互衔接又各有侧重，内容全面又不失科学性。

2. 定性分析与定量分析方法

定性分析是从实践经验方面来对事物的性质和发展趋势等进行描述与推断的，定量分析法则是对社会现象的数量特征、数量关系与数量变化进行分析的方法。对我国城镇化发展问题的研究显然离不开定性分析与定量分析的结合。城镇化问题以一定的数量指标为基础综合反映出来，进行城镇化问题研究时，要考虑到多方面的因素，既有质的规定性，又有量的多样性。本研究一方面对我国城镇化发展中的显著问题进行了定性的阐述，另一方面也构建了城市化水平评价模型，从定量的角度对城镇化发展进行定量分析，做到定性分析与定量分析的统一，更加科学严谨。

3. 规范分析和实证分析相结合的方法

规范分析和实证分析是经济学常用的研究方法。规范分析主要是依据一定的价值判断和社会目标，来探讨达到这种价值判断和社会目标的步骤，主要是研究"应该是什么"的问题。实证分析主要研究的"是什么"的问题，它侧重研究经济体系如何运行，分析经济活动的过程、后果及向什么方向发展，而不考虑运行的结果是否可取。本书对我国城镇化问题的研究既描述了我国城镇化发展的历史、现状及问题，也对今后城镇化应当采取的发展方式进行了探索，做到了实证分析与规范分析的结合。

4. 静态分析法与动态分析法

二者的主要区别在于：静态分析不考虑时间因素，而动态分析考虑时间因素。首先，城镇化的发展是一个具体的历史过程，它是多种因素长期作用的结果，是一个发展的过程，具有动态特征。其次，城镇化的发展又可以使静止的，某一特定地区在某一特定时点上的城镇化发展是一种静止的状态。因此，对我国城镇化发展问题的研究，也要做到静态分析和动态分析的结合，把历史问题、现实问题和长远问题结合起来研究，做到以古为鉴和未雨绸缪。

（三）研究路径与不足

1. 可能的创新之处

（1）本研究主要从我国城镇化的区域响应角度展开论述，对我国城镇化的空间发展问题进行了丰富和完善，丰富了城镇化的理论研究。

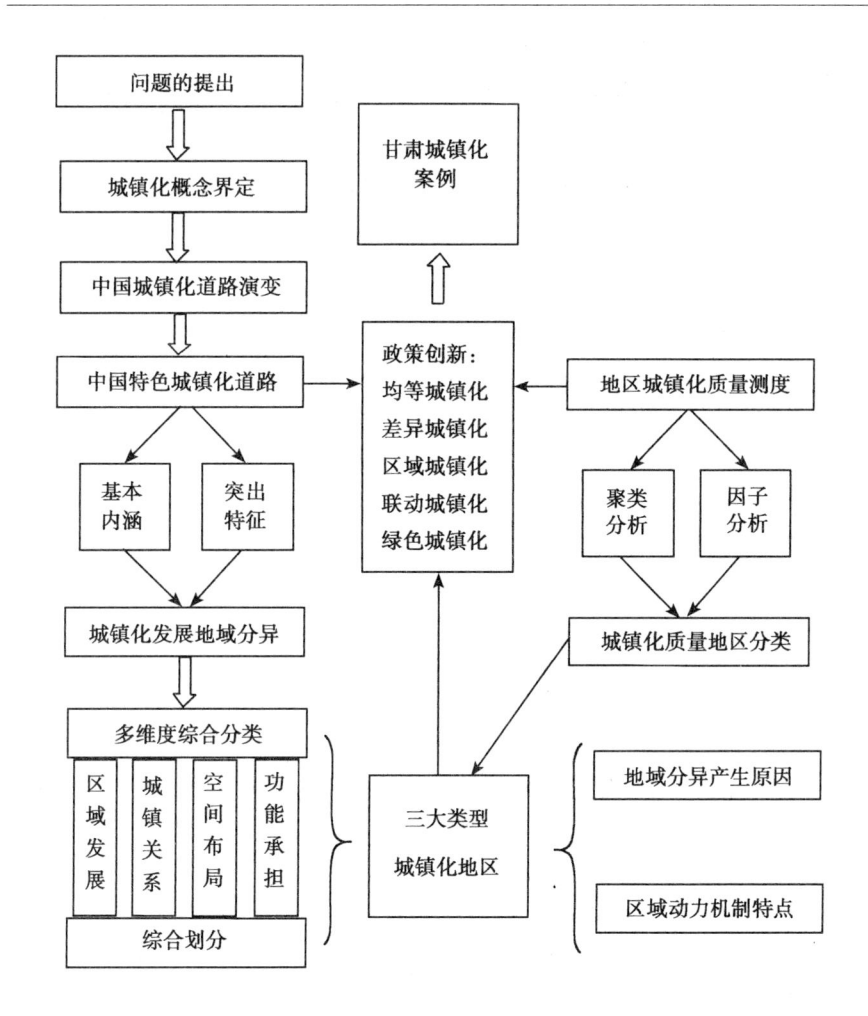

```
┌─────────────┐
│  问题的提出  │
└──────┬──────┘
       ↓                        ┌──────────────┐
┌─────────────┐                 │  甘肃城镇化   │
│ 城镇化概念界定│                │    案例      │
└──────┬──────┘                 └──────▲───────┘
       ↓                               │
┌──────────────┐        ┌──────────┐   │   ┌──────────────┐
│中国城镇化道路演变│     │ 政策创新： │  │   │地区城镇化质量测度│
└──────┬───────┘        │ 均等城镇化 │←─┼───┤              │
       ↓                │ 差异城镇化 │  │   └──────┬───────┘
┌──────────────┐        │ 区域城镇化 │  │          ↓
│中国特色城镇化道路├────→│ 联动城镇化 │  │    ┌────┴────┐
└──────┬───────┘        │ 绿色城镇化 │  │    ↓         ↓
       ↓                └──────────┘   │ ┌──────┐ ┌──────┐
  ┌────┴────┐                          │ │聚类  │ │因子  │
  ↓         ↓                          │ │分析  │ │分析  │
┌──────┐ ┌──────┐                      │ └───┬──┘ └──┬───┘
│ 基本 │ │ 突出 │                      │     └──┬────┘
│ 内涵 │ │ 特征 │                      │        ↓
└──┬───┘ └──┬───┘                      │  ┌──────────────┐
   └────┬───┘                          │  │城镇化质量地区分类│
        ↓                              │  └──────┬───────┘
┌──────────────┐                       │         │
│城镇化发展地域分异│                    │         ↓
└──────┬───────┘                       │  ┌──────────────┐  ┌──────────────┐
       ↓                               └──┤  三大类型    ├──┤地域分异产生原因│
┌──────────────┐                          │  城镇化地区  │  └──────────────┘
│ 多维度综合分类│                          │              │  ┌──────────────┐
├──┬──┬──┬────┤                          │              ├──┤区域动力机制特点│
│区│城│空│功 │                           └──────────────┘  └──────────────┘
│域│镇│间│能 │
│发│关│布│承 │
│展│系│局│担 │
├──┴──┴──┴────┤
│  综合划分    │
└──────────────┘
```

（2）本研究在测度城镇化质量时所建立的指标体系，使用了农村发展类的指标，而不同于以往学者建立体系时采用的城乡协调发展指标，强调了城镇化建设中农村发展的重要性。

（3）以甘肃省为例进行城镇化问题的研究，丰富和发展了我国欠发达地区的城镇化问题研究，创新和完善了我国城镇化发展问题的研究。

2. 不足之处

（1）在第二章对影响城镇化发展的动力机制研究时，一方面部分指标难以通过数据进行衡量，另一方面部分指标的数据无法获得，而只能通过一些预测方法进行处理，这使得本部分的测度结果受到一定的影响。

（2）由于城镇化质量的内涵较为丰富，涉及面较宽泛，考虑到指标的可测度性、数据的可获得性，以及分析的需要，第三章在建立城镇化质量评价指标体系时，只是从体现城镇化质量的几个较为典型的维度选取代表性指标进行重点分析，而不能全面涵盖城镇化质量的方方面面，稍显欠缺。

第一章 中国特色城镇化道路的理论阐释

一 相关概念界定

研究中国特色城镇化的问题，必须明确城镇化和中国特色城镇化的含义，以及二者之间的关系。虽然我国学术界对中国城镇化问题的研究已经有了数十年的历史，也取得了许多重要的成果，但是在最基本的城镇化概念问题上却历来是众说纷纭，莫衷一是。据此，本书在汲取众家观点的基础之上，结合作者本人的一些认识，对城镇化方面的基本概念进行了界定。

（一）城市和城镇

城市和城镇，如果简单从词语的层面来理解，城市是指规模大于乡村，人口比乡村集中，以非农业活动和非农业人口为主的聚落；而城镇包括城市和集镇，其中集镇是介于乡村与城市之间的过渡型居民点。就这点而言，城镇是包括了城市的，并且这里的城市必须是设市建制的"城市"。然而这种关于城市和城镇的定义由于过于简单和笼统，对于城镇化问题的研究帮助不大。

结合我国的国情，不同学者从不同的角度分别解释了"城市"和"城镇"的区别，以及二者的联系。如表1-1所示，城市和城镇的概念并没有大相径庭，只是解释的角度有狭义和广义之分，有的学者认为城市只含"市"而不含"镇"，有的学者认为二者含义相同，都包含"市"和"镇（建制镇）"，还有的学者认为城镇不仅包括市、建制镇，还包含更小范围的集镇。

表1-1　　　　　　　　城市和城镇的概念区分

	狭义观点	广义观点
城市	含市，不含镇	含市、镇
城镇	含市、建制镇	含市、建制镇、集镇

对比以上几个观点，如果从广义的城市概念和狭义的城镇概念来理解，城市和城镇其实没有太大的区别，都指的是城市和建制镇，但同时不包括集镇。从这个意义上说，城市化和城镇化也没有本质区别，这就解释了我国一些学者在研究城镇化问题时，往往将"城市化"和"城镇化"混为一谈的原因。我国1989年通过的《城市规划法》明确规定"城市"是指国家按行政建制设立的直辖市、市、镇，这也从法律上规定了城市的含义是指直辖市、建制市和建制镇。

根据前面的分析得知，无论从哪个角度来看，城市与城镇所包含的范围差别不大，也许在上个世纪，大家都使用"城市"一词，直到近年来对小城镇的关注越来越多，学者们也更倾向于使用"城镇"一词来描述我国的城镇化。虽然广义的城市和狭义的城镇意义相同，但是为了避免歧义，也为了更体现我国的国情和时代发展背景，本文的研究将采用"城镇"这一概念，而不是"城市"。

（二）城市化和城镇化

英文"urbanization"[①]一词是"城市化"和"城镇化"两个概念的来源。中国学者在进行转化时，将"urbanization"一词译为"城市化"、"城镇化"或"都市化"，三种译法都符合"urbanization"一词的本意，但是在具体的使用过程中，不同的汉语翻译所带来的不一致性又给三种译法的理解造成了困难，如"城市化"可能更倾向于被理解为城市的发展变化而忽略了乡村；"城镇化"又将"镇"这一单位纳入了城镇发展进程；而"都市化"多给人一种冒进的、优先发展大城市、都市圈的理解偏向。2000年以前，为保持与国际上的一般用法一致，我国学者在研究上更多地使用"城市化"一词，直到现在仍然有不少学者称呼我国的城镇化为"城市化"，理由可能是他们认为现在的中国还缺乏像纽约、伦敦

---

① Urbanization在中文翻译中有城市化、城镇化、都市化等译法。

这样成熟的超级大城市，同时大城市数量也相对较少，因而"城市化"更符合城镇化发展的需要。21世纪以来，无论从政治层面上还是学术层面上，大家越来越倾向于使用"城镇化"一词，原因主要是中国的基本国情（地域广阔、人口众多尤其是农村人口多）决定了我们必须重视发展众多的、以农民为主的小城镇在城镇化过程中的重要作用。学者胡序威（1983）、周一星（1984）相继提出"'城镇化'比'城市化'更贴切"的观点，并建议用"城镇化"代替"城市化"。可见即便在当时，学者对城镇的认识也是很到位的，只是叫法不同而已。直到1991年，学者辜胜阻在其论文中广泛使用"城镇化"，并对其内涵进行了阐释，这篇名为《非农化与城镇化研究》的文章因广泛使用"城镇化"一词来描述我国的城镇化进程，在当时产生了很大的影响力，"城镇化"一词才逐渐蔓延开来。同样，我国官方首次正式使用"城镇化"一词则是在国家"十五计划"中首次提出"要不失时机地实施城镇化战略"。接着2002年党的十六大第一次明确提出"走中国特色城镇化道路"，并强调大中小城市和小城镇协调发展。2007年党的十七大继续强调要"走中国特色城镇化道路"。2012年党的十八大在中国特色城镇化和新型城镇化的基础上提出要"走中国特色的新型城镇化道路"。2012年12月中央经济工作会议对城镇化的历史定位和发展思路进一步明确和细化，提出"城镇化是我国现代化建设的历史任务，也是扩大内需的最大潜力所在，要围绕提高城镇化质量，因势利导、趋利避害，积极引导城镇化健康发展"。2013年12月，中央城镇化工作会议的首次召开，再次彰显了"城镇化"的重要性，同时突出了"镇"的作用。为了与国家公布的正式文件的提法相一致，"城镇化"一词逐渐被普遍使用。

先前有学者在研究城镇化问题时，将"城市化"理解为只追求现有城市的建设和发展速度问题，而忽略农村发展和农业人口转移等问题；将"城镇化"理解为城市化的一种实现形式，指在实现城市化的过程不刻意发展大城市，而是更重视农村和中小城镇的发展。如刘洁泓（2007）将城镇化与城市化的关系总结为：城市化主要是以"城市"为发展对象，城镇化除了以城市为发展对象之外还强调"镇"的作用，城市化在城镇化的范围之内，城市化是城镇化发展初期的一种表现形式。如果以这种方式理解城市化和城镇化之间的关系，则这种所谓的"城市化"道路因其将城镇的发展排除在外，所以并不符合地域广阔、人口众多、小城镇分布广泛的中国实际。事实上，根据前文的分析我们看到，只要弄清了"城市化"和"城镇化"的概念，这样的争执其实是没必要的。不过这也从侧面强调了我国城镇化过程中发展小城镇的重要性，说明了"城镇化"的叫法更能体现出城镇化发展的方向，因此"城镇化"的提法更符合中国实际，更能突出中国城镇化的特色。而所谓的"都市化"是指一个国家或地区在城乡人口转变过程中采取优先发展大城市的战略，应该是城镇化中后期才重点突出的一种发展模式，这一战略在城镇化发展还不太成熟的中国显然还不需要。

党的十六大报告之所以采用"城镇化"的提法而不用"城市化"，充分凸显了小城镇不可磨灭的地位，尤其是在中国这样人口众多且农村人口比重大的现实中，小城镇的建设发挥着重要作用。从发达国家的经验来看，人口转变和产业转移是两个同时进行的过程，由于我国复杂的国情特点，这两个过程之间发生了错位，即人口的转移慢于产业的转移，这就使得小城镇成了衔接这两个过程的纽带，在中国一度获得一定程度的发展。改革开放之初的二十多年，由于我国在城镇化问题上存在着认识上的偏差，即刻意把城镇化的重心放在城市自身的建设上，忽视了农村自身的发展以及在此基础上促进农村人口向城市转移，导致了我国城市基础设施建设和城市规模虽然有了很大发展，但城镇化程度却明显滞后的后果。所以直到目前，我国的城镇化一直不忘强调农村和小城镇发展的问题，这也是"城镇化"概念广泛被应用的一个原因。为充分体现我国城镇化道路的"中国特色"，本书亦采用"城镇化"一词。

（三）城镇人口和非农人口

有的学者在通过人口比重的方法计算某地区的城镇化率时，倾向于用非农业人口占总人口的比重数值来代替某地区的城镇化率，但我们知道，这样的算法只能作为一种不得已的权宜之计，因为其忽略了城镇人口和非农业人口的区别。关于城镇人口和非农业人口的区别，学术界早有论述，1983年胡序威在文章《对我国城镇化的水平剖析》中就曾指出："城镇人口主要由非农业人口所构成，但也不能把二者完全等同起来。住在农村里的非农业人口不能算作城镇人口，而住在城镇及其近郊的少量从事农业生产劳动的人却应算为城镇人口，因为他们都共同使用城镇的各项市政设施。"

在我国，城镇人口是指居住于城市、集镇的人口，具体指的是所从事的产业为非农业生产性产业为主的人群及其家庭。一般认为城镇人口比重的高低反映出一个地区的工业化、城镇化水平；非农业人口是指从事非农业生产活动的劳动人口及其家庭被抚养人口。我国自20世纪90年代前后在统计学领域渐渐开始使用"城镇人口"的概念，以代替之前的非农业人口。

我国政府规定：根据常住人口的多少，可将某个地区分为城市和集镇两类。20万人以上的为城市，其常住人口为城市人口。中国现行划分标准中，城镇人口包括了城市人口和集镇人口，它以非农业人口为主，也包括一小部分农业人口。非农业人口绝大部分是城镇人口，而有小部分居住在农村，属于农村人口。城镇人口和非农人口不应该混为一谈。

同时，上文的叙述中其实也已经包含了对城市人口的界定，城市人口是指常年居住、生活在城市范围内的人们，他们构成了城市的社会主体，是城市经济发展的动力建设的参与者，又都是城市服务的对象。为保持一致，本书所引用的"城镇化率"均来自国家及各省（市、自治区）官方网站或年鉴的统计数据。

（四）户籍人口城镇化率和常住人口城镇化率

我国对城镇化率进行的计算，均是采用城市和城镇驻地的常住人口占该区域总人口的比重的方法，而不是使用城镇户籍人口占总人口的比重的方法，这样自然而然把户口在农村而居住在城镇的那部分人包含了进去，但这部分人口实际上不是城镇人口，并不享受城镇服务和福利。人口城镇化率的统计方法，是以2010年全国第六次人口普查得到的城镇化率为基础，以每年的人口与城镇化抽样调查结果进行推算。但城镇化率的计算由于采取的计算公式的分子存在人口数额的差异，所以得出了不同的城镇化率。

户籍人口是公安部门户籍统计的人口，它是以公安户籍记录为统计基础。常住人口就是在城市居住6个月以上的这部分人群，包括一次性居住6个月，或者是一年之内居住超过6个月以上，这都被统计为常住人口。通俗地说，常住人口包括户籍人口（但不包括本地户籍长期在外地的人口），以及在本地居住半年以上的人口。这个概念和口径是和国际上其他国家一致的。目前我国每10年进行一次人口普查、每5年进行一次1%

人口抽样，统计的都是常住人口。现在的城市统计年鉴、经济统计年鉴，一般都以常住人口为基础。相应的，户籍人口城镇化率是指拥有城镇户籍的人口数除以总人口数所得的比率。严格意义上讲，城镇化率应该按照这种方式计算。但是目前，我国各地计算城镇化率大多是用城镇常住人口总数除以总人口数，计算所得也即名义城镇化率。而城镇常住人口总数包括拥有城镇户籍的人口和没有城镇户籍的暂住人口，因而计算出的城镇化率就比户籍人口城镇化率要高。

据2013年《城市蓝皮书》中的统计，按照市民化的标准，目前中国城镇化率大约被高估了十个百分点。这两个数据之所以有差距主要是指标的定义口径和数据来源不一样。造成这两种数据口径不一致的主要原因是城乡二元结构，以前农村人口是农业人口，在城里居住的人口就是城镇人口。但随着改革开放，随着劳动力流动转移加快，农村人口进入城市以后，在城市打工置业，虽然生产生活在城市，但是户口并没有迁到城市，所以才有这样一种数据的差异。这两个数据也说明，要进一步提高中国城镇化的质量，尤其要加快农民工的市民化。中国要走中国特色的新型城镇化的道路，不仅仅是人口的城镇化、户口的城镇化，也不仅仅是城镇面积的扩张，关键还是有产业和就业支撑的城镇化，是数量和质量统一的城镇化，同时还要继续加大统计方法制度的改革，更全面地反映城镇化的进程。为保证数据的易获得性、权威性以及研究报告的完整性和统一性，本文所涉及的"城镇化率"数量指标，在没有特别说明的情况下均是根据权威年鉴查得或采用城镇人口占总人口比重的方式计算而得。

二 中国城镇化道路的演变

理清中国城镇化的脉络，有利于我们总结经验教训，为中国特色城镇化建设提供经验借鉴。本研究关于我国城镇化道路的发展阶段划分，是基于时间顺序以及各时期的发展特征，从城镇化的实质出发，结合城镇化最新提法，将我国的城镇化历史划分为传统城镇化阶段和中国特色城镇化阶段两个阶段。其中，中国特色城镇化阶段又分为早、晚两个时期，即中国特色城镇化时期和新型城镇化时期。选取这种划分方法的出发点，是要找出传统城镇化的不足，以及在"中国特色"的大背景下引出我国城镇化的新方向，即走特色的新型城镇化道路。

（一）传统城镇化阶段（1978—2001年）

从1978年确立改革开放伟大决策至21世纪之前，根据我国城镇化发展的实际，可以将我国的城镇化定义为"传统城镇化"。传统城镇化的典型特征是：更注重的是数量和速度。随着城镇建设速度的加快和规模的扩大，一些问题不可避免地凸显出来，比如交通拥堵、空气污染、资源枯竭等。当前，我国正处于城镇化快速推进的时期，在改革开放30年时间当中，城市空间扩大了两三倍，2012年城镇化率也达到了52.57%。[①] 但是，空间城镇化并没有相应地产生人口城镇化。中国有2.69亿农民工，户籍问题把他们挡在了享受城镇化成果之外，他们是被城镇化、伪城镇化的。我国城镇化的发展还有很大的前进空间，如何切实做到"以人为本"、切实促进"农民工市民化"、切实提高"城镇化质量"，将关系到整个经济社会的发展过程。

1. 1978—1991年是我国城镇化的恢复发展阶段

1978年年底召开的十一届三中全会确定了改革开放政策，决定对内改革、对外开放。这一政策的实施给我国城镇化的发展提供了一定的契机，尤其是给东部沿海开放城市的城镇化发展带来了巨大的发展空间。农村生产率在农村改革的支持下不断提高，劳动力逐渐出现剩余，并以加快的速度不断涌向城市，对当时的城镇化发展形成了较大的推力；同时，东部沿海地带与国外、内部与东部、城市与农村之间的经济往来不断加强，城镇的功能越来越强，基础设施投入不断增加，就业机会越来越丰富，比较利益越来越突出，吸引了大批农民工进城务工，对城镇化发展产生巨大拉力。另外，各种体制机制启动改革步伐，对城镇化的发展起到推波助澜的作用。例如，在农村的改革进程中，家庭联产承包责任制的实施可以说是具有重大历史意义的代表性事件，因为它彻底改变了人们的思想观念和生产方式，极大地促进了农民生产热情的高涨，快速推动了农业的发展，并给城镇的发展提供了强有力的保障，一定程度上推动了当时的城镇化建设。同样，在城市的改革浪潮中，以1984年党的十二届三中全会为重要标志，以国有企业改革为切入点，我国的经济发展模式由"社会主义计划经济"逐渐向"有计划的商品经济"转变，全面开展城市经济体制改

[①] 数据来自《新中国六十年统计资料汇编》和中国统计局网站。

革，极大地促进了城市商业经济的发展，促进了城镇化进程。另外，随着市镇标准的降低，全国城镇数量迅速增加，城镇化水平也有一定提升。但是这一时期的城镇化带有明显的行政干预因素，是政府自上而下支配城镇化，农民进入城镇也都是随着政策的变化而做出的相应决定；市场化和产业发展等因素对城镇化的作用不大。

2. 1992—2001 年：城镇化快速发展阶段

1992 年十四大的召开，为社会主义市场经济的发展铺平了道路。伴随着经济体制的转轨和契机，城镇化的发展也增添了"市场化"的色彩。这一时期的城镇化虽然受到市场化的较大影响，但是粗放式、放羊式发展的痕迹较重，城镇化的建设都忽略了城镇质量这一关键，而在不能保证质量的前提下，城镇规模的简单扩大和城镇外延式的扩张，是严重违背可持续发展原则的，并不能长远的提高城镇化水平和质量。①

综上所述，传统城镇化的实质就是不断提高城镇人口比重、城镇数量和扩大城镇规模的单一城镇化模式，而并没有综合经济、人文、社会、环境等通盘考虑。世界不少发达国家最初的城镇化也是在这样的情况下不断发展起来的，但是，随着世界城镇化的发展进步，尤其是 20 世纪 60 年代之后，由于世界经济发展迅速，工业化进程加速并达到成熟，产业结构发生质的转变，资源节约和环境保护等可持续发展观念深入人心，特别是新的科学技术的发展和创新能力的提高、交通网络的成熟等给城镇化发展提出了新的要求，城镇化的发展方式和手段也开始转变，发达国家相继出现了逆城镇化或城市郊区化现象，这实质上是新的大背景下对传统城镇化的摒弃。我国的国情以及城镇化所处的阶段要求我们不能再用传统城镇化的理论来决定未来城镇化的方向。

传统城镇化的特点或弊端，也即城镇化发展质量不高的问题主要表现在以下几个方面：传统城镇化以粗放式外延扩张为主，未能实现集约化发展；城镇发展主要依靠国家政策支持和传统工业化，产业支撑薄弱；未重视城镇的经济聚集和辐射功能的发挥，导致区域间、城乡间差距逐步扩大，二元结构明显，制约了区域协调发展和城乡一体化发展；重速度而轻质量，往往是把城镇化发展速度放在首要的位置，城镇建设质量低，造成各种社会问题不断涌现；城镇的生态环境保护功能脆弱，造成城镇生态保

---

① 杨风、陶斯文：《中国城镇化发展的历程、特点与趋势》，《兰州学刊》2010 年第 6 期。

护和环境污染问题严峻；城镇当地特色不突出，城镇文化与文明未能充分体现。显然，这种传统的城镇化模式是不可持续的，它不符合科学发展观的要求。

毫无疑问，传统城镇化道路所实现的城镇化主要是以外延扩张为目标，依靠扩大发展要素投入来实现规模增长，片面地注重追求城镇规模扩大、空间扩张，建高楼、建广场，不顾一切扩大城镇规模和提高城镇化率。城镇化主要依靠各级政府层层推动，市场的作用微弱。城镇化过程中未能实现集约化发展，单纯追求城镇化率的提高，造成城镇建设质量不高、城镇资源未得到高效利用、城镇环境污染严重、城镇功能体系不健全等问题。传统城镇化的动力机制不同于特色新型城镇化，而是类似于英、法等国的城镇化发展机制，即以传统的工业化发展带动城镇化。这种发展方式的核心在于以促进经济增长为目标的工业发展，城镇化只是被放在次要的位置，更没有考虑区域之间、城乡之间的协调问题，因而产生了很多附带的难以解决的矛盾，如资源浪费严重、环境问题突出等。如果再继续这种以增加城镇数量或简单扩大城镇规模或只注重城镇建设速度为主要方式的传统型城镇化，将对我国经济发展和城镇化建设产生巨大的破坏。改变这种"传统型"城镇化的方式需要我们首先转变城镇化的发展理念，树立新的思想并确定新的战略，针对我国的城镇化建设提出具有指导意义的新理论，实现特色的新型的城镇化。因此，21世纪初期我国提出了"中国特色城镇化道路"和"新型城镇化"。[①]

（二）中国特色城镇化阶段（2002年至今）

"中国特色城镇化道路"一直是十六大以来的重要提法，而"新型城镇化"是近几年来在特色城镇化道路的基础上提出的又一重要概念。2013年9月，李克强总理在谈到城镇化布局问题时，指出"一定要走中国特色、科学发展的新型城镇化路子"，可见中国特色城镇化道路与新型城镇化道路密不可分、互相补充，是关于我国城镇化发展的统一的整体。中国特色城镇化道路，是坚持注重个性与特性、根据实际充分体现中国特色的城镇化道路，是具有中国特色的新型城镇化道路；而新型城镇化道路，是在坚持中国特色、坚持个性与特性的基础上，补充完善中国特色城

---

① 杨重光：《新型城市化是必由之路》，《中国城市经济》2009年第11期。

镇化道路的内涵，充分体现质量与结构的城镇化道路。将中国特色城镇化道路与新型城镇化道路统一起来通盘考虑已形成共识。相对而言，传统城镇化道路虽然也在一定程度上反映了中国的国情特点，带有一定的中国特色，但时至今日，如前文所述，传统城镇化具有很多难以应对和解决的弊端，并不符合城镇化发展的需要；而世界发达国家的新型城镇化经验，并不能完全借鉴或生搬硬套。因此，把特色城镇化与新型城镇化统一起来，坚定不移地走具有中国特色的新型城镇化道路，成为今后城镇化发展的重要方向。

1. 中国特色城镇化道路：注重特性与个性

2002年党的十六大报告正式提出走中国特色的城镇化道路。之所以说中国特色城镇化道路的提出是对我国城镇化理念的重大转变，关键就在于它特别提出在城镇化建设的过程中强调符合中国国情，突出中国特色。这一提法明确说明我国的城镇化道路区别于发达国家的一般城镇化道路，它要符合我国实际和国情。

关于中国城镇化道路的"特色"所在，国内许多学者都分别从不同的角度提出了自己的见解，综合起来主要有：从我国国情出发，中国特色的城镇化必须是以人为本的城镇化，是健康的、可持续发展的城镇化，是因地制宜、充分体现地方特点的城镇化，是区域协调、城乡一体的城镇化，是市场调控为主体的城镇化，是促进产业结构不断优化的城镇化。

我国的基本国情就是地域广阔、人口众多，资源分布不均匀且人均占有量少，区域间、城乡间、省际内部发展不平衡。同时，在推进城镇化的过程中，我国还面临着进一步推进经济发展、促进产业结构升级、促进区域协调发展、改善城乡二元结构、完善社会保障体系、扩大就业、维护社会稳定、解决资源瓶颈及生态环境保护等诸多问题。因此，中国的城镇化道路既不能走传统老路，还要注重解决实际问题、突出特色。按照我国改革开放三十多年来的发展经验表明，市场经济相对发达、市场化进程相对深刻、市场体制相对完善的地区，经济发展的速度和质量也都较为领先，对应地，这类地区的城镇化发展速度和质量也都相对较高。东部沿海地区由于率先地推行了市场化的改革和开放政策，其经济发展速度与质量、城镇化发展的速度与质量都位于全国前列。随着改革的深入、市场经济体制的逐步完善，政府的作用由主导向引导转变，市场的作用由基础性向决定性转变，我们的城镇化建设也要适应市场的要求，不断转变发展理念，坚持以市场为导向，适应中国国情，凸显中国特色，坚定不移地走中国特色城镇化道路。

这个"道路"到底"特"在什么地方，或者它的内涵是什么，可以这样理解：(1) 中国特色城镇化道路必须按照市场化原则推进，城镇化的发展要遵循自身规律，使市场在城镇化过程中起主导和决定作用，促进市场微观主体（企业、个人等）的积极性和主动性，自下而上不断推进城镇化，促进城镇化与工业化、信息化、现代化的有机融合。(2) 中国特色城镇化道路必须因地制宜、突出特色。科学发展观要求我国的城镇化是绿色、可持续的，各地城镇化建设既要注重质量，又要突出特色。考虑不同区域城市发展的背景与特点，合理确定城镇的定位，走适宜本区域发展的城镇化道路，满足区域的发展，积极打造不同的城市文化，创造特色的城市文明。(3) 从动力角度上，中国特色城镇化道路应该是充分调动一切动力因素的城镇化模式，包括经济发展动力、市场化动力、产业结构转换动力、城乡比较利益动力、对外开放动力、人力资本动力等，它体现在经济发展与城镇化相辅相成、市场决定、二三产业支撑、城镇福利、对外贸易和利用外资、人口素质等各方面，强调了这些动力因素对特色城镇化顺利推进的重要作用。(4) 中国特色城镇化道路必须符合中国实际，既不能照搬发达国家的成功城镇化模式，也不能一成不变的继续走传统城镇化的老路，这是由我国具体国情决定的。

2. 新型城镇化道路：注重质量与结构

21世纪以来就有学者从不同角度提出走新型城镇化道路，直至2012年党的十八大将"新型城镇化"上升为全面建设小康社会的基本载体，将之视为经济发展方式转变的基本手段，才正式确立了"新型城镇化"作为我国一项城镇化发展战略的定位。新型城镇化道路是在综合分析和借鉴了世界发达国家的成功经验，并全面考虑我国国情，对传统城镇化的理念进行了纠正，再结合我国大的经济环境背景和国际影响才提出来的具有战略意义的发展定位。

新型城镇化不仅仅是针对传统城镇化而提出来的，它也是针对中国特色城镇化的重要补充。首先，新型城镇化的核心是以人为本，不断推进农业转移人口市民化，按照因地制宜、分步推进、存量优先、带动增量的原则，统筹推进户籍制度改革和基本公共服务均等化，提高城镇人口素质和居民生活质量。其次，新型城镇化的关键是提升质量，紧紧围绕提高城镇化发展的质量，适时调整城镇化战略和模式，在稳步推进城镇化的同时提高城镇化质量，降低社会成本和资源消耗，实现健康、稳妥的城镇化。再次，新型城镇化着眼于城镇体系的改善和城镇化布局的协调，促进大中小城市和小城镇合理分工、功能互补、协同发展；在中西部和东北有条件的区域，依靠市场力量和国家的引导，逐步形成若干城市群，注重中西部地区的城镇化，推动城镇化发展的区域协调性。最后，新型城镇化也界定了城镇化发展过程中政府与市场的关系问题，它既强调了城镇化建设进程中要坚持市场配置资源的基础性作用，也指出了政府在城镇化发展的制度创造、规划编制、基础设施建设、公共服务的提供等方面的职能。

因此，新型城镇化以内含优化为主要目标，资源节约、环境友好，以人为本，实现质量提升，实现城乡基础设施一体化和公共服务均等化；本质是人的城镇化，科学发展的城镇化，关键是提高城镇化质量；采取的方式是集约、智能、绿色、低碳，城乡统筹、城乡一体、城乡互动、节约集约、生态宜居、和谐发展；新型城镇化主体多元，包括政府、企业、公众等，其根本动力来自新型工业化和信息化，具有可持续性，有利于城乡之间的协调互补与联合互动；而面临的主要问题是户籍政策、土地政策、财政政策、税收政策、价格政策等方面的改革问题。

吸取传统城镇化的教训，新型城镇化是全面的、综合的经济社会发展的道路和战略，决不单纯是城镇人口机械的扩大，农村人口表面的减少。新型的城镇化，其本质是农民向市民身份的转变，使农民享受与城市居民同样的经济权利和生活条件，享受同等的福利，获得同样的发展机会。所以，新型城镇化不同于传统城镇化的根本就在于对待农民的身份问题，他们经济生活的改善、生活质量的提高是第一位的。[①] 由此看来，新型城镇化是在走中国特色城镇化道路的基础之上，又更加明确地强调我国今后的城镇化建设要更加注重提升城镇化的质量和改善城镇建设结构。新型城镇化更加注重提升城镇的内涵和城镇的建设质量，更加注重合理的城镇结构和布局。

中国特色的新型城镇化道路则是"中国特色"和"新型城镇化道路"的有机结合，这样的城镇化道路既是新型的、充满活力的、可持续的，又

---

① 杨重光：《新型城市化是必由之路》，《中国城市经济》2009年第11期。

是实事求是的、符合我国国情的，必将推动我国城镇化建设的平稳、快速、健康发展。这种特色的新型的城镇化道路，是一种从中国的国情出发，符合科学发展观要求，强调以人为本和提升质量的城镇化。它不仅要具有中国特色，而且是符合科学发展观要求的中国特色社会主义道路的具体体现。就是要从中国国情和各地实际情况出发，坚持以人为本，坚持全面提高城镇化质量，改善城镇体系结构，突出中国特色，促进城镇化的健康发展。

在国家相继提出走"中国特色城镇化道路"和实施"新型城镇化战略"的基础上，李克强总理于2013年又提出"我们一定要走中国特色、科学发展的新型城镇化路子"，走出一条以人为本、集约高效、绿色低碳、四化同步的中国特色新型城镇化道路，因地制宜、尊重规律，实现各级城市城镇的协调发展。因此，中国特色城镇化和新型城镇化二者之间相互融合、相辅相成、相互补充，共同构成了我国以后的城镇化建设总方向和总基调。本课题的研究对象即中国特色城镇化道路是包含新型城镇化的理念、思想与精神在内的城镇化道路，是二者有机统一基础上的城镇化道路。

（三）不同阶段的对比分析与演进逻辑

2012年底的中央经济工作会议明确提出，要"把生态文明理念与原则全面融入城镇化全过程，走集约、智能、绿色、低碳的新型城镇化道路"。推进新型城镇化，是以习近平为总书记的新一届中央领导集体推进实现中华民族伟大复兴中国梦的重要途径，是加强社会主义生态文明建设的具体实践，是转变城镇发展模式的崭新举措。高举新型城镇化旗帜，充分体现了新一届中央领导集体治国理政方面的新思维、新思路、新追求，进而显示了特色新型城镇化对传统城镇化的根本性超越。本部分从传统城镇化的弊端与特色新型城镇化的转型发展两个方面阐述两种城镇化模式的观念对比与演进逻辑。

传统城镇化发展模式有违转型升级。我国的传统城镇化是违背科学发展观总体要求的城镇化。传统城镇化最主要的动力来源是传统工业化，它单纯依靠工业发展所带来的人口集中、资源聚合以及满足生产所需要的各种配套设施。这种动力下的城镇化是被动、依附而成长起来的，其出发点和立足点都是城市，农村和农民并没有被考虑进去。且我国的传统城镇化受计划经济和政府支配影响较大，缺乏市场的拉力。缺乏可持续性的传统城镇化，最突出的矛盾与问题是，传统城镇化与经济转型升级的方向相违背。因此，我国城镇化建设必须要转变这种旧的、不可持续的城镇化方式，才能取得长远发展。

中国特色城镇化和新型城镇化是城镇化建设的主要方向。我国城镇化还存在巨大的发展空间，按照中国的国情和时代发展的要求，积极引导我国城镇化的健康发展，要坚持走出一条中国特色的、新型的城镇化道路。中国特色的城镇化道路是符合我国国情与实际的正确城镇化道路，是有利于社会和谐发展的城镇化道路，是社会和谐发展的城镇化道路，是节约利用资源、保护环境、集约发展的城镇化道路，是协调发展大中小城市与小城镇的城镇化道路，是市场推动与政府引导下的城镇化道路，是城乡协调一体发展的城镇化道路。基于此，中国特色城镇化道路实际上是从国家层面对传统城镇化问题和方向的纠正，更是城镇化发展理念的第一次转型升级。

同样，新型城镇化是能够体现公平正义、集约紧凑、智能高效、生态环保特征的城镇化，是体现人本、人和、仁爱、协调、秩序、规范要求的城镇化，使政府不当行政行为和市场不当投机行为得到有效的约束、抑制与制衡的城镇化。新型城镇化提出了集约、智能、绿色、低碳的建设方向，显示出国家对提高城镇化质量与效益的重视。集约，要求各类生产要素的有效配置；智能，体现城镇发展的创新驱动特点；绿色，要求在城镇建设人口集中的同时形成植被覆盖率高的绿色空间；低碳，要求生产与消费等环节尽可能减少资源消耗与碳浪费。新型城镇化与中国特色城镇化具有高度的内在一致性。

总之，城镇化的发展对于促进经济的进一步发展、推动现代化建设、加快市场化进程、破解"三农"难题、提高人口素质和人民生活、优化产业结构、促进区域协调发展、改善城乡二元结构、推进国际合作等各方面均大有裨益。因此，走中国特色的城镇化道路是必然选择。表1－2分析了我国传统城镇化与中国特色城镇化和新型城镇化的逻辑对比，通过对比可以得出，传统城镇化已经不符合新时期新情况的发展需要，特色的、新型的城镇化道路才是正确的方向。

表 1-2　　　　　我国城镇化发展不同阶段的逻辑对比

城镇化阶段	传统城镇化	中国特色城镇化	新型城镇化
理念	数量与速度	特性与个性	质量与结构
目标	外延扩张，粗放增长	因地制宜，突出特色，经济高效，社会和谐	内含优化，以人为本，质量提升
区域响应	区域间、城乡间割裂发展，差距拉大	区域间与城乡间合理协调，和谐发展	区域统筹基础上更加注重中西部地区城镇化
动力机制	传统工业化	一二三产业的合理支撑，可持续发展	新型工业化和信息化
制度安排	政府"自上而下"主导城镇化	市场与政府结合	市场决定，政府引导

由此可见，在发展理念、发展目标、区域响应、动力机制和制度安排上，新型城镇化的内在精神与中国特色城镇化高度统一，本质一致。可以说，中国特色城镇化是新型城镇化的理论支点和现实基础，新型城镇化是中国特色城镇化的升华和新要求，二者互相联系，互相补充，共同构成了我国城镇化建设的主题，引导着城镇化建设的方向。

三　中国特色城镇化道路的基本内含与发展现实

就中国特色城镇化道路而言，根据国情和各地发展实际，总结经验与教训，深入贯彻落实科学发展观，遵循城镇化发展一般规律，其基本内含可以概括为：适应于中国的基本国情，充分发挥不同等级城镇的功能，优势互补，实现各等级规模城镇的合理布局与协调发展；以科学发展观为指导，实现人口、资源和环境的可持续发展；以城乡统筹为主线，推动城乡协调发展及城乡一体化建设；以区域实际条件为基础，建立因地因时制宜、适应地区特点的多种城镇化模式。中国特色城镇化道路的基本内涵可以通过对其核心价值和基本目标的剖析体现出来。

（一）中国特色城镇化道路的核心价值

1. 中国特色城镇化道路始终坚持以人为本理念

中国特色的城镇化是以人为本的城镇化，这种人本理念是符合科学发展观要求和城镇化建设要求的，以人为本的理念是中国特色城镇化道路的主题和核心内含，它牢牢把握以人为本这个核心，把人放在城镇化的核心位置。中国特色城镇化道路坚持人本理念，重视人在推动城镇化进程中的主体地位和重要作用。同时认为人的幸福也是城镇化建设的最终目的，不断解决人在现实生活中遇到的各种问题，将城镇化的成果为人民所共有，努力走出一条以人为本、四化同步、优化布局、生态文明、文化传承的中国特色新型城镇化道路，对全面建成小康社会、加快推进社会主义现代化具有重大现实意义和深远历史意义。

中国特色城镇化道路始终强调把发展生产力作为全社会的根本任务，始终不遗余力地坚持经济发展，坚持推进城镇化，目的是以人的发展统领经济、社会发展，以实现人的全面发展为目标，不断满足人民物质文化需要，切实保障人民群众切身利益，让城镇化的成果惠及全国人民。这充分体现了中国特色城镇化道路以人为本的理念。

2. 中国特色城镇化道路体现合理协调的布局理念

中国特色城镇化道路强调协调发展，这里的"协调"，就是指通过按照科学发展观的要求，不断提升城镇的质量，重视城镇的合理布局、特色突出、结构完善、持续发展，重视区域间经济社会和谐发展，重视城乡协调、从根源上改变城乡二元结构，重视现在的城镇化与子孙后代们的城镇化统筹考虑，重视大中小城市和小城镇的功能联动、互补、共赢。这里的协调还包括大中小城市相协调，大中小城市与特大城市、超大城市以及城市群相协调，城镇化与经济发展特别是第二、三产业发展相协调，城镇化与人口资源环境相协调，以改善区域环境质量，提高城镇可持续发展能力等。

中国特色城镇化道路坚持城乡统筹发展，致力于促进城乡一体化，体现了城与乡协调发展的理念。中国特色城镇化道路明确指出要建立城乡统筹的城镇化，要逐步改革户籍制度，要促进城乡一体化。要求在特色城镇化推进过程中协调好城乡产业关系，协调好城乡资源流动和配置的关系，协调好城乡教育、文化和卫生事业的关系。因此，中国特色城镇化道路的发展方向体现了城乡合理协调发展的理念。

中国特色城镇化道路强调要合理规划城镇空间体系，注重推进各级城市和城镇之间的协调发展，合理协调推进城镇化，根据各自区位资源条件、经济发展水平和人口规模等因素，因地制宜推进城镇化建设。注重发挥大城市和区域中心城市在促进经济发展方面的核心作用，包括其对中小城镇的辐射带动作用，并要注重小城镇功能的优化，发挥其积极作用，形成不同等级规模城镇协调发展的局面，即大中小城市和小城镇在功能上相互补充、相互促进，形成有机的城市群和城市网络，进而形成小城镇向小城市、小城市向中等城市、中等城市向大城市、大城市向超大城市自然演进的过程。

中国特色城镇化道路兼顾了地区间的平衡发展问题，它认真分析了三大经济地带的区域差异和省际之间的发展差距，坚持一切从实际情况出发，根据各地区实际情况，分层次、分阶段地推动各地区城镇化建设，并在此基础上提出了多元化的城镇化道路，各地区选择适合自身长远发展的城镇化模式。我国地域广阔、人口众多，东部、中部以及西部地区地理条件、生产力发展水平和城镇密度、城镇化基础、城镇化水平和质量等各方面差异都较大，城镇化道路要坚持因地制宜和差异化发展的原则。

3. 中国特色城镇化道路体现了和谐社会的发展要求

中国特色城镇化道路体现了人与自然的和谐。中国特色城镇化道路坚持科学发展观，走可持续发展道路，注重生态环境的保护，其中城乡生态化也是中国特色城镇化的一个鲜明亮点，即以人为本又尊重自然。因此中国特色城镇化道路是符合和谐社会人本理念的要求的。

这个道路体现了人与社会的和谐。中国特色城镇化的基准点之一还有人与社会的和谐。在特色城镇化实践过程中，它不单纯追求经济增长，更不是只重视城镇化的规模和速度，而是将提升城镇化质量、协调发展、绿色发展等理念灌输至城镇化建设的始终，将发展教育作为城镇质量的衡量标准之一，并致力于提高人民的物质生活和精神生活，完善城镇职能社会保障体系，使城镇在公共服务和社会福利等各方面实现人的全面发展，推动社会主义和谐社会与和谐城镇的建设。

这个道路还体现了人与人的和谐。它充分强调农民工的市民化，积极推进户籍制度改革，认真落实他们的住房、医疗、养老、子女教育等各种问题，使他们能够平等享受城镇福利，使他们及其子女的生活真正融入城镇，使他们在城镇少有所养、老有所依，每一个城镇居民都有平等发展的机会，有适合的工作和稳定的收入来源，使他们每一个人都能体现出自己的价值，使他们的物质生活与精神生活得到提高和升华，使他们自觉推进城镇文明，促进他们的全面发展。[1]

---

[1] 许才山：《中国城镇化的人本理念与实践模式研究》，博士学位论文，东北师范大学，2008年，第37页。

总之，当前我国正处于全面建设小康社会阶段，现代化建设，工业化的推进、经济结构的优化、二元经济结构的根本转变、"三农"问题的解决、扩大内需、增加就业、市场经济的发展、跟上世界知识经济发展的步伐、全面推进社会可持续发展，都要求加快我国城镇化的步伐，并根据这些具体国情改变我国城镇化滞后的局面。

（二）中国特色城镇化道路的基本目标

中国特色城镇化发展水平的衡量不能仅仅局限于用较高的城镇化率这一单一指标作为依据，而应该是建立具有较高现代化程度的城镇基础设施、城镇非农产业、较高的城镇居民生活质量和资源节约、环境友好、空间布局合理紧凑的大中小城市及小城镇协调发展的城镇结构体系，这体现于中国特色城镇化道路的基本目标。

1. 城乡经济社会发展一体化

城乡经济社会发展一体化即城乡统筹，即与过去的城乡二元结构明显对立的发展模式。传统城镇化只照顾到了城市的利益，以牺牲农业、农民为代价，导致城乡差距越来越大，城乡二元结构矛盾越来越突出。中国特色城镇化道路以城乡一体化发展为基本目标之一，致力于城乡之间的融合、协调、可持续发展。

推进城乡经济社会发展一体化有利于坚持扩大内需方针和实现经济协调发展，有利于维护社会稳定和推进城乡经济社会的全面进步，有利于保护生态环境和资源的有效利用，有利于农村地区基础设施。如道路、排水、供电、通信等的集中建设和使用，促进生态环境的保护和资源的节约有效利用。

因此，中国特色城镇化道路要实现的基本目标之一就是推进城乡经济社会发展一体化，具体来说应该逐渐实现城乡公共服务一体化，按照促进公共服务均等化的要求，将财政投入在合理范围内逐渐向处于弱势的农村倾斜，不断提高农民的生活水平和人口素质，完善农村教育和公共卫生条件。城乡产业发展一体化，加速城镇与农村之间的资源融合和共享，建立资源合理配置的渠道，加大城乡产业结构的转变升级，为城乡协调发展奠定坚实的物质基础。城乡发展规划一体化，把农村和城市有机联系起来，统一制订规划，明确分区功能定位，使城乡发展能够互相衔接、互相促进。城乡基础设施建设一体化，城乡基础设施建设要统筹推进，尤其是小城镇和农村的基础设施建设,要逐步向大城市靠拢,使农民也能充分享受城镇化的成果,实现城乡之间的平衡合理协调。城乡就业体系一体化,不断规范劳动力流动市场,建立可靠的城乡劳动力流动体系,增加农民就业机会。

2. 全面的城镇化

全面发展的中国特色城镇化主要体现在:

(1) 实现具有较优城镇结构体系的城镇化。建立具有中国特色的比较完善、合理、优化的城镇结构体系。具体而言,从国家层面上,要建立若干个在世界经济中具有重大影响的具有较强国际竞争力的国际性大都市;从区域和省域层面上,各大经济区域和各省市区都要有自身的大城市和特大城市作为区域中心城市,并形成完整的大中小城市和小城镇协调发展的结构体系;从城市群的层面上,要逐渐形成更多的具有特色、功能互补的城市群;从小城镇发展的层面上,小城镇要重点发展县城和具有一定规模条件的中心镇及特色产业镇。

(2) 实现大中小城市和小城镇协调发展的城镇化。特色城镇化强调城镇布局的合理协调和各级城市与小城镇之间的协调,根据我国城镇化发展的实际情况,致力于打造北京、上海、天津、广州等几个国际性的大都市或以这些城市为中心的超大城市群,从而发挥这些超大城市或城市群的强烈的辐射、带动作用,促进本区域的城镇化建设更上一层楼,促进本区域和周边区域的经济发展;致力于充分发挥武汉、西安、郑州、济南、兰州、长沙、杭州、南京等省会城市的领军作用,以省会城市作为各级城市的连接纽带,充分发挥其交通、物流集散等作用,促进本省及周边省的合作发展;致力于大连、秦皇岛、厦门、海口、宁波、青岛、烟台、日照、威海等以沿海中等城市为中心的海外贸易联通点的建设,以加强内地城市的对外联系,促进沿海地区甚至整个东部地区的城镇化质量的提高;致力于以各个省(市、自治区)的地级城市为中心的本省发展网络,加强本省区的经济联系,从而促进省内城镇化的进步;致力于以广大农村和农民为主的小城镇的建设,充分发挥小城镇在我国的比较优势,实现就地城镇化和农民的市民化,从而促进城镇化发展。综上所述,特色城镇化致力于建立形成合理的城镇体系,充分发挥各级城市、城镇的比较优势,引导各类城市根据自身特点,合理定位城市功能,促进城市间的分工协作。

(3) 实现土地等资源集约利用、可持续发展的城镇化。特色城镇化坚持科学发展观，按照全面协调可持续的要求，着眼于城镇的长远发展，把城镇发展与城镇资源的合理配置、循环利用、环境治理和生态保护统筹起来，不断提高城镇自身的科研能力和创新能力，推动城镇发展从以外延扩张为主的粗放型向以内涵增长为主的集约型转变，重视城镇功能的构建，致力于在提高城镇化率的同时提升城镇建设质量和效益，有序地推进并最终实现城镇化的健康、合理、持续发展。

（4）实现城乡一体化发展的城镇化。特色城镇化强调在城镇化过程中坚持城乡统筹发展，致力于改变城乡二元结构，改善城乡分割的局面，不断推进城乡体系的合理规划和建设，把乡村的发展纳入到城镇体系中来，完善小城镇和农村的配套设施，加大对"三农"的支持力度，工业反哺农业，城市反哺农村，逐步缩小城乡差距，最终实现城乡经济社会的协调发展。[①]

除此之外，还应实现具有较高现代化程度的基础设施和发达的城市非农产业的城镇化，具有较高教育文化水平的城镇化，具有发达社会事业和较高生活质量的城镇化，具有工业化、信息化、城镇化、农业现代化与城乡生态化"五化合一"的城镇化，具有高度的城乡文明普及的城镇化以及具有各自文化特点的城镇化。

3. 四化合一、五位一体的城镇化

回顾我国城镇化道路的历史，早在2002年，党的十六大就指出要逐步提高城镇化水平，走中国特色的城镇化道路。这也是我国第一次明确提出走中国特色的城镇化道路。2007年，党的十七大报告也提出"按照统筹城乡、布局合理、节约土地、功能完善、以大带小的原则，促进大中小城市和小城镇协调发展"。2012年，党的十八大进一步强调要促进工业化、信息化、城镇化、农业现代化同步发展；必须坚持全面、协调、可持续的科学发展观，全面落实经济、政治、文化、社会、生态、文明五位一体的总体布局，促进现代化建设各方面相协调，不断开拓生产发展、生活富裕、生态良好的文明发展道路。

根据国家的总体要求，我国的城镇化道路应在统筹新型城镇化、新型工业化、农业现代化、现代信息化齐步发展的同时，还要重点关注城乡生态化。城乡生态化是指在追求城镇化建设快速发展的同时，要注意兼顾城

[①] 肖金成等：《中国特色城镇化道路的内涵和发展途径》，《发展研究》2009年第7期。

市和乡村的生态环境建设，要统筹好城镇化发展和环境保护、生态文明建设的关系。坚持"以工业化促进信息化、以信息化带动工业化"、"以工促农、以城带乡"、"农业支持工业、工业反哺农业"和"新型城镇带动现代农业、促进工业、保障生态"的基本原则，协调发展，立足实际，着眼未来，走出一条符合新型"五化"要求的城镇化发展道路。这是中国特色城镇化道路要实现的长期目标。

中国特色城镇化道路的最终目标：提高我国整体城镇化水平，完善社会经济结构，促进现代化进程，实现整个国家的现代化。

（三）中国特色城镇化道路的基本现实

中国特色城镇化的根本要求之一就是符合中国实际、体现中国特色。我国城镇化的发展面临着诸多限制条件，如城镇用地紧张、人均耕地少、人口过多、人口素质较低、环境脆弱、区域发展不协调、体制机制不健全等，都制约着特色城镇化的推进。同时，实现特色城镇化又面临着特定发展阶段和社会主义市场经济体制不健全等多方面因素的约束。充分认识我国的这些基本国情特点是探索中国特色城镇化道路的基础和前提。

1. 国情特点影响我国城镇化速度和质量

地域广泛，自然条件差异巨大。区域间的自然地理差异是导致区域间城镇化发展不同步的重要原因。东部地区拥有优越的自然条件，水资源丰富，平原广阔，气候适宜，靠海的条件又给海外贸易奠定基础，农林牧副渔的发展都具有得天独厚的区位优势，因此东部地区经济社会和城镇化发展水平和质量都较高。而中西部地区由于深处大陆内部，气候条件差，生态脆弱，适宜种植的平原稀少，能源丰富但利用率低，区位条件处于劣势，导致其发展从一开始就落后于东部沿海地区，城镇化的发展自然也落后东部地区较多。

人口众多且素质有待提高。虽然20世纪八九十年代实行了计划生育制度，但我国人口基数大，城镇需要容纳的人数较多，城镇的资源环境压力更大，难以养活这么多的城镇人口，住房问题难以解决，人民生活没有保障。由于历史原因，我国人口教育水平相对较低，尤其是西部内陆地区，人们思想观念落后，缺乏创新思维，这都在一定程度上加重了城镇化的负担。

区域间产业发展水平与城镇化等差异较大。三大经济地带在地理环境、经济、社会、教育、思想等各方面差异显著,这是我国的一个现实国情。从主要经济发展指标人均生产总值来看,2012 年,东部地区的北京、天津、上海人均 GDP 均达到了 8.5 万元以上,三省(市)的人均 GDP 有突破 10 万元大关的趋势;而西部地区的云南、甘肃、贵州等省的人均 GDP 仅达到 2.2 万元左右,贵州仅为 1.971 万元,长期徘徊在低生产水平。从城镇化发展的主要衡量指标——城镇化率的高低来看,如图 1-1 所示,东部省份的城镇化率遥遥领先,西部几个省份垫底。2012 年,全国平均水平为 52.57%,东部地区省份的城镇化率大都在 60%,北京、上海、天津都高于 80%,而西部省份的城镇化率在 40% 上下的居多,西藏、贵州等地更低。东部地区经济起步较早、发展迅速,工业化成熟,较多省份都处于工业化的成熟阶段,产业发展已经向第三产业为主的结构转变,且第三产业发展迅速、质量也较高,城镇化水平和质量也高;相反,西部地区各方面发展起步都较晚,经济发展滞后,工业化和城镇化也处于初期阶段,导致大城市发展相对滞后,集聚和辐射功能得不到充分发挥,难以带动周边中小城市和小城镇的发展。

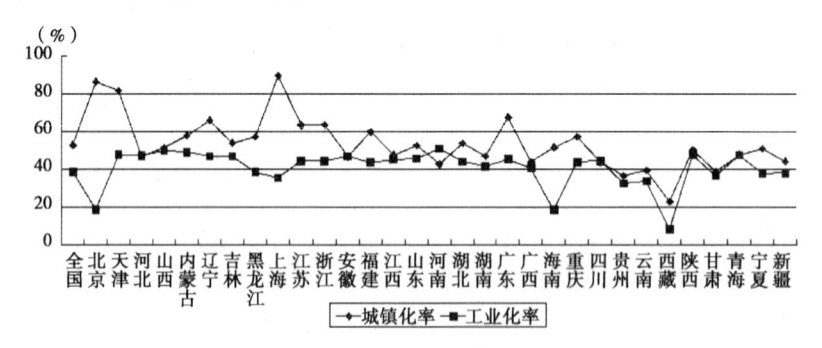

图 1-1 不同省区的城镇化和工业化水平(2012 年)

资料来源:根据中国统计年鉴 2013 整理。

综上所述,人口数量多,从农村向城镇转移的人口逐年增多,而城镇容纳新增人口的能力不足;处于经济社会转型和加快实现工业化、现代化的关键时期,承担着加快产业结构升级和吸纳大量人口就业的双重压力;同时面对着经济发展、社会稳定、区域协调、城乡统筹等各方面的发展任务,这一切使得我国的城镇化发展面临着前所未有复杂条件和环境。

2. 特定的发展阶段规定了特色城镇化必需的发展环境

特色城镇化的推进离不开社会主义初级阶段的发展实际。1956 年三大改造的顺利完成，标志着我国进入了社会主义社会，处于并将长期处于社会主义初级阶段，这是我国的政治特征。在接下来的各种体制机制的改革，包括1978年的改革开放决策、1992年的社会主义市场经济体制的确立以及2001年中国加入世界贸易组织等都是在社会主义制度的大背景下，根据处于阶段发展的实际而做出的伟大决定。推进任何方面的改革与发展都要立足于社会主义初级阶段的最大实际，这既是我们党总结长期历史经验得出的基本结论，也是在新的历史条件下开创中国特色社会主义新局面的根本原则。中国特色城镇化的推进同样不能偏离我国仍处于并将长期处于社会主义初级阶段的基本现实。

社会主义初级阶段的特征使得中国特色城镇化的推进面临很多难以超越的限制因素。如人均经济总量和世界发达国家相比依然较少；东西部发展差距大，西部地区贫困面大，贫困程度深，脱贫脱困任务艰巨；欠发达地区及少数民族地区教育事业发展滞后，思想观念较为落后；农业产业化进程滞后，"三农"问题突出，工业基础薄弱，对城镇化带动力不强；还有生态环境问题突出等，都是阻碍中国特色城镇化发展的重要因素。处于社会主义初级阶段使得特色城镇化的发展目标复杂叠加，面临着包括宗教、民族、生态、扶贫等复杂叠加的发展目标。城镇化进程中既要着力于解决经济发展问题，不断提升人民的生活水平和质量，又要处理好民族宗教和谐问题，照顾好少数民族人民的特殊利益，维护稳定发展；既要发展经济建设，又要注重保护脆弱的生态环境，走可持续发展道路；既要坚持不断推动经济增长，又要大力开展扶贫工作，全面建设小康社会。由此看来，党中央和各级政府在制定发展目标的过程中，要考虑众多的因素，要完成繁重的任务，大大制约了城镇化的发展效率，同时给特色城镇化和新型城镇化建设带来一定阻力。

深刻认识和正确把握社会主义初级阶段这个最大国情至关重要。这是在新的历史条件下正确制定和贯彻党和政府在城镇化建设方面的路线、方针、政策的前提和基础，是科学谋划和推进新型城镇化建设的关键和根本。回顾历史，我国城镇化建设进程缓慢、质量较低的根本原因之一，就是因为提出的一些目标、任务和方针政策脱离、超越了社会主义初级阶段的实际。由于没有很好地把握社会主义初级阶段这个最大国情，结果在城镇化建设中出现了盲目求快、质量低下、区域失衡、城乡差距大等问题。

坚持和发展中国特色社会主义是一项长期而艰巨的历史任务。在具有许多新的历史特点的伟大征程中,中国特色城镇化建设要始终牢牢把握社会主义初级阶段这个最大国情和最大实际,是我们有效应对复杂多变的发展环境并保持正确发展方向的根本保证。

3. 基于国情特点和特定发展阶段约束下所体现的复杂特征

基于以上国情特点所体现出的现实约束状况,我国特色城镇化道路发展受到一定的阻力,体现出复杂的特征,更体现出二元性或双重性的"特色"。这种城镇化发展"特色"的双重性具体体现在以下方面。

双重经济转轨背景,城镇化与工业化、信息化、市场化、生态化、国际化相辅相成密切相关。我国城镇化最初受计划经济的影响,基本是靠政府推动的,这样的城镇化发展缓慢、滞后,缺乏内在活力。而市场化进程的逐渐推进使我们不断更新观念,正视城镇化的巨大潜力和作用。始于改革开放的国家经济体制改革,如农村家庭联产承包责任制的实行,使农村劳动力出现剩余,大量涌入城镇务工,也加速了乡镇企业的成长,促进了当地城镇化进程;不断加速的市场化进程加速了城镇之间的要素流动,促进了城乡融合,加速了城镇化进程。由于中国改革的渐进性,市场经济体制并未完全建立,中国仍然处于体制转轨的过渡期。因此,中国的城镇化也明显具有双轨、过渡的特性。

双重城镇化路径,东部城市群和大都市圈与中西部农村城镇化的协调发展。我国区域分布广泛,东部沿海与西部内陆自然区域与区位条件之间存在巨大差异。这是东西部差距逐渐凸显的重要因素。但是西部地区对于国家的战略意义不言而喻,如何加快西部地区的发展以缩小东西部差距,是我国城镇化建设要努力的方向之一。而为了与国际接轨,缩小与发达国家的差距,东部地区在相对发达的基础上,其城市群和大都市圈的建设又为国家的综合发展提供保障。因此如何协调好东西部之间、东部大城市群与西部农村地区发展,是城镇化建设必须要协调好的问题。可见,我国的城镇化方向和路径的选择具有双重属性,城镇化建设任重而道远。

双重动力机制与发展模式,政府推动与市场拉动同时存在。受计划经济体制的影响,尤其是1992年确立社会主义市场经济体制之前,我国的城镇化发展过程中的政府干预迹象明显,城镇化受政府与市场的双重动力影响,"自上而下"的城镇化与"自下而上"的城镇化相结合的双重发展模式并存。城镇化的根本动力在于市场机制的作用,市场化水平与城镇化进程具有明显的正相关关系:东部沿海地区市场化进程起步早,相对较成熟，其城镇化发展就快。另一方面，城镇化进程也不能忽视了政府的作用。我国的市场机制还不完善，特别是我国农村市场化推进过程极为缓慢，因此在相当长一段时期内，我国的城镇化建设完全依靠市场的作用推进不具备实现的基础条件，因而政府调控作用发挥着很大的作用。

双重要求，城镇发展方式的多样化和科学化。我国城市众多，小城镇更多，城镇体系复杂多变，不可能按照统一的方式进行城镇化建设。因此，按照因地制宜、合理协调的多样化发展方式进行城镇化建设是必要的。但多样化的发展容易造成城镇建设规划不一、凌乱无序，因此，科学化的总体规划和发展要求显得尤为必要。如何把握好城镇发展方式的多样化与整体性、科学化的统一，是城镇化建设要实现的重要内容。

双重城镇化方向，我国的城镇化必须是城与乡同时推进的城镇化，第一，以提升质量为主的现有城镇的再城镇化和以农村为主要方式的农村就地城镇化；第二，人口城市化和农村城镇化。人口城市化是指农民工的"市民化"，是农村人口不断向城市转移的过程；农村城镇化是农村人口向周围小城镇集中或农村就地城镇化的过程，其中伴随着农村人口的非农化只有将城镇化与农村城镇化同时推进，才能使我国城镇化健康、稳定的发展。

双重目标，注重经济社会文化和生态的协调发展，促进城镇化量的增长和质的提高同时实现。未来的城镇化不能走传统城镇化的老路，必须将提高城镇化速度与提升城镇化质量协同推进，甚至在必要的时候可以牺牲速度以保质量，即提高城镇化发展速度的基础上，将更重视提高城镇化的质量。我国的城镇化水平相对于发达国家来说还比较落后，城镇化的发展必须处理好水平与质量的双重约束，一方面，要大力推进城镇化，使城镇化成为促进经济增长和提升综合国力的主要动力；另一方面，更要注重城镇化的质量和提升城镇化的内涵。

4. 中国特色城镇化过程的复杂性与艰巨性

国情特点和社会主义初级阶段特定发展阶段制约了中国城镇化的发展，同时也规定着中国特色城镇化道路的发展方向和实现方式。中国特色城镇化的推进体现出复杂性和艰巨性。

中国的城镇化进程并不是一帆风顺的，它在前进过程中受到行政因素的过度引导，自身发展动力不足，农民向城镇转移的过程复杂缓慢。受传统城镇化理念的影响，我国的城镇化发展出现偏颇，即土地的城镇化快于人口的城镇化，这说到底还是农民进行身份转变的问题：先由农民转变为农民工，实现非农化，再由农民工转变为市民，实现市民化。非农化与市民化过程的不同步，使得我国城镇化率统计数据偏高，即便居住在城镇的农民工和其他居住在城镇的商人及其家属等都被包括在城镇人口范围内，但他们要想成为市民，并不是短期内完成的过程。在现行制度约束下，农民工要实现向城市市民的身份转变，必须突破农村土地制度、户籍制度、就业制度、社会保障制度等各种制度障碍，经历农村退出、城市进入和城市融合三个环节。[①] 这三个环节说明农民身份的转变不仅需要排除土地、户籍等现实制度的限制，还需要农民从心理上、思想观念上、生活方式上真正转变为市民，前者的限制已经给农民转变市民的过程加大阻力，后者更是不可能一蹴而就，往往需要几十年的时间。实践表明，短期内大多数农民工都无法真正融入城市，从而引起较多特殊的社会问题，进一步加剧了中国城镇化进程的复杂性和艰巨性。

中国的国情特点加之中国城镇化发展的复杂性和艰巨性，导致中国城镇化的地域分异严重，三大地带之间、省际之间、城乡之间的城镇化水平和质量差距都较大，而且动力特点复杂多变，各地城镇化水平和质量的衡量考虑的因素较为复杂，因地制宜的发展原则也给不同地区城镇化发展政策的制定带来一定困难。

[①] 黄锟：《论国内外特殊约束条件下中国城镇化过程与道路的特殊性》，《天津财经大学学报》2011年第9期。

第二章 中国特色城镇化道路的区域路径响应与动力机制

一 中国特色城镇化道路的地域分异

(一) 中国经济发展的区域差异

20世纪60年代,美国经济学家威廉逊(J. G. Williamson,1956)用他的威廉逊趋同假说告诉我们:随着人均收入水平的提高,国内地区差异的变动大致呈倒"U"字形。即在经济发展的初期,随着发展水平的提高,地区差异将逐步扩大,当经济进入成熟阶段后,地区差异最终将会趋于缩小。然而,由于我国幅员辽阔,人口众多,地域之间的自然差异比较大,因而我国地区差异的变动并不能简单地用威廉逊趋同假说来验证。新中国成立以来,我国地区差异的变动与地域单元密切相关。

1. 东中西三大地带的差异

东中西部三大地带的经济发展差异主要是由地理位置和对外开放政策导致。新中国成立以来,尤其是1978年确立了改革开放的重大决策以来,东中西三大经济地带的经济社会发展都取得了较大的进步。但相对而言,东部地区的对外开放时间早于中西部地区,对外开放程度的差异直接影响到区域经济增长。东部地区的对外开放步伐快、程度高,吸纳外资的能力强,中西部地区因地处内陆地区,对外开放晚于东部,因而并没有与东部沿海地区同步发展,处于明显的落后状态。且中西部与东部沿海地区的差距虽然近年来有缩小的趋势,但这种差距仍然较大。例如:(1)生产力分布主要集中在东部沿海地区。东部地区国内生产总值占全国生产总值的比重达到60%以上,远超中西部地区,且一直居高不下。虽然近年来西部地区与东部地区的差距有缩小之势,但总体差距仍旧过大,如表2-1

所示。这说明，改革开放以来，全国生产力分布和国民经济活动主要向东部地区集中。(2) 东中西三大地带经济发展的差距过大。如表 2 - 2 中数据所示，三大地带的主要经济指标——人均国内生产总值均以成倍增长，但东部地区分别是中部和西部的两倍左右，中西部地区与东部地区相比，其经济发展水平的差距过大。(3) 从产业结构转换的角度看，东部地区处于工业化中后期阶段，工业化程度相对中西部地区更高，而且东部第三产业的发展所带来的利润远远超于农业比重仍然较大的中西部地区。

表 2 - 1　　三大地带国内生产总值占全国国内生产总值的比重　　单位:%

年份＼地区	东部	中部	西部
1993	61.56	19.46	18.97
1998	62.20	19.73	18.07
2003	64.28	18.54	17.18
2008	62.65	19.21	18.14
2010	61.67	19.70	18.63
2012	60.08	20.17	19.76

资料来源：根据国家统计局网站统计数据整理。

注：为保持报告的统一，东中西部三大地带按照东部 13 省、中部 6 省、西部 12 省方法划分。

表 2 - 2　　　　三大地带人均国内生产总值及差距变动情况

年份＼指标	人均国内生产总值（元）			相对差距（%）	
	东部	中部	西部	中部同东部	西部同东部
1993	4853	2019	2030	2.40	2.39
1998	11046	4677	4410	2.36	2.50
2003	18058	7497	7147	2.41	2.53
2008	37654	18173	17642	2.07	2.13
2010	46682	24249	23482	1.93	1.99
2012	58546	32462	32426	1.80	1.81

资料来源：根据国家统计局网站统计数据整理。

注：因缺少较早年份各省份的年末常住人口数据，或考虑到其统计口径的出入，此处的区域人均生产总值按照各区域包含省份全部生产总值除以各区域总人数代替。

2. 省际经济发展水平差异

在五六十年代计划经济体制下，为改善我国经济发展缓慢、工业基础薄弱、工业布局不平衡的状况，国家运用行政力量将东部沿海地带的工业企业陆续向中西部内陆地区迁移,增强中西部内陆地区的工业建设。由于国家配置资源的优势,内陆地区的工业化进程不断加快,地区间经济发展水平差距有一定程度的缩小。但随着国家改革开放政策的实施,东部沿海地区因政策优势得到优先发展,而中西部地区的发展机遇相对较少,因而地区间的发展水平差距就不断扩大。如图2-1和图2-2所示,以31个省(市、自治区)的生产总值和人均生产总值作为衡量地区经济发展水平的主要指标,则全国地区间经济发展差距较大,明显东部沿海省份比内陆省份经济发展水平高。北京、上海、天津、江苏、浙江、广东等东部省份的经济发展水平显著高于西部内陆地区的贵州、甘肃、青海、宁夏、西藏等省份。

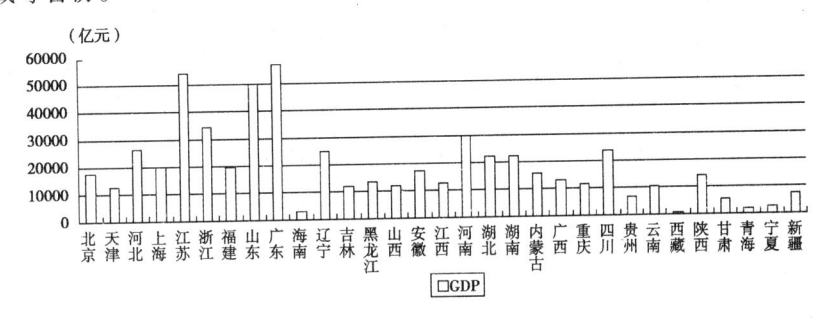

图2-1 2012年地区经济发展水平——各省GDP

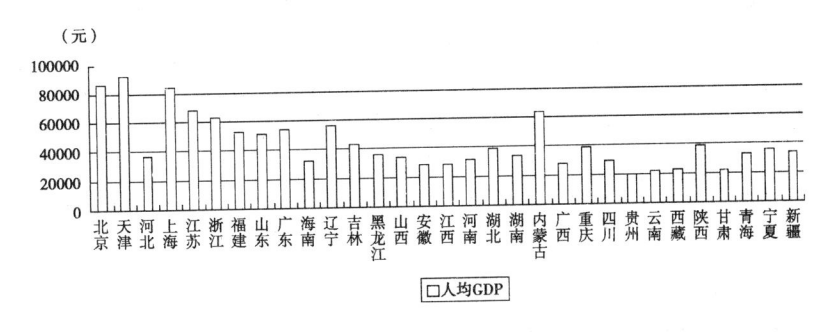

图2-2 2012年地区经济发展水平——各省人均GDP

资料来源:《2013中国地区经济监测报告》,潘璠主编,中国统计出版社2013年8月第一版,数据根据需要有所调整。省份顺序按照东、中、西部所包含的省份依次排列。

3. 城乡收入差异

在中国的发展历程中,农业一直是国民经济的支柱产业,农民一直居于主要地位,因而给农转非造成了一定的阻力。改革开放以来,我国城乡居民的整体生活条件明显有较大改善，城乡居民家庭收入水平和消费水平均有大幅提高，但是明显看出城乡差距总体呈现不断扩大的趋势。城市居民的生活水平是农民的三倍以上。这种城乡二元结构、城乡之间较大的比较利益差距在中国存在了很多年，不但给城乡之间经济平衡发展造成了一定压力，而且是阻碍我国城镇化进程的重要因素。

表2-3　　　　改革开放以来城乡居民家庭人均收入差距分析　　　　单位：元

指标 年份	城镇居民人均可支配收入	农村居民人均纯收入	城乡绝对差距	城乡收入比
1978	343.3	133.6	209.7	2.57
1990	1510.2	686.3	823.9	2.20
1995	4283.0	1577.7	2705.3	2.71
2000	6280.0	2253.4	4026.6	2.79
2005	10493.0	3254.9	7238.1	3.22
2010	19109.4	5919.0	13190.4	3.23
2012	24564.7	7916.6	16648.1	3.10

资料来源：数据来自《新中国六十年统计资料汇编》和中国统计局网站。

表2-4　　　　　　城乡居民消费水平差距分析　　　　　　单位：元

指标 年份	城镇居民人均消费	农村居民人均消费	城乡绝对差距	城乡相对差距比
1990	1279	585	694	2.19
2000	4998	1670	3328	2.99
2010	13471	4382	9089	3.07
2012	16674	5908	10766	2.82

资料来源：数据来自《新中国六十年统计资料汇编》和中国统计局网站。

4. 省份内部差异

从大的层面上看发展差距，主要体现在东中西三大地带之间、省际之间，而从更小的层面上看这种差距，则体现在省份内部地市之间。事实表明，大多数省份的省内地区经济差异在进一步扩大，只有像广东、浙江、辽宁、江苏等经济基础好、改革开放程度高、一直走在国家前列的几个省份的内部差异有所缩小，这是因为这些省份能够在发展过程中充分发挥省内中心城市的辐射带动作用，并能兼顾小城市、城镇的利益，从而缩小省内地区之间的经济差异。相反，相对贫穷的省份往往更加着眼于整体经济的增长,只重视中心城市的成长发展而不重视经济资源的平衡分配,从而导致省内差异越来越大。以甘肃省为例来说明省内发展差异,如表2-5所示,无论是经济总量、人均经济总量或城镇化率等,兰州市、嘉峪关市、金昌市和酒泉市都领先于甘南州、临夏州、陇南市和定西市。

表2-5　　　　　2012年甘肃省各市州部分经济发展指标

指标 地区	GDP 全省占比(%)	排名	人均GDP 高于全省(%)	排名	城镇化率 水平(%)	排名
嘉峪关	4.76	9	424.03	1	93.37	1
兰州市	27.68	1	96.50	4	78.34	2
金昌市	4.31	10	137.56	2	64.13	3
酒泉市	10.15	2	136.96	3	52.15	4
白银市	7.68	4	15.10	5	41.54	5
张掖市	5.17	8	10.28	6	37.11	6
平凉市	5.74	7	-28.89	9	31.65	7
天水市	7.31	5	-42.62	11	31.11	8
武威市	6.03	6	-14.73	8	30.88	9
临夏州	2.69	13	-64.94	13	26.69	11
甘南州	1.71	14	-36.33	10	25.98	12
庆阳市	9.37	3	8.86	7	28.01	10
定西市	3.95	12	-63.22	14	25.83	13
陇南市	4.00	11	-59.88	12	23.37	14

资料来源:根据《甘肃发展年鉴2013》整理。

城镇化与经济发展高度相关,我国经济发展水平的区域分异无疑是造成城镇化区域分异的最主要原因。

(二)中国城镇化发展的区域差异

1. 中国城镇化发展的整体进程

(1)城镇化启动(1949—1957年):1949年我国成立之初拥有城市132个,城镇人口占全国总人口的10.6%;随着三大改造的完成和社会主义制度的确立,截止到1957年,当时的城市数量比1949年增加了44个,增长了33.3%;城镇人口占全国总人口的比重达到15.4%,增加了4.8

个百分点。①

（2）城镇化波动（1958—1965年）：城镇人口的比重在接下来的两年不断攀升，截止到1959年末城镇人口占比达到了18.4%，城镇化水平得到较快提高；截止到1960年，我国城镇人口猛增到13073万，平均每年增加1041万人，年平均增长率达到9.53%。按照这个增长速度，当时的城镇化发展本会有更大的进步，但由于当时在政策上的失误（发动"文化大革命"、"大跃进"、"人民公社化运动"）以及自然灾害的重创，在接下来的十年里，城镇化发展出现大幅下滑甚至停滞。1972年，城镇化率跌落到17.1%，形成了一个明显的"谷底"；1972—1978年的六年间，城镇化率总共提高了0.8个百分点；截至1978年底，我国城镇化率才回升到1966年的水平（17.9%）。②

（3）城镇化恢复（1979—1992年）：自1978年底确立了改革开放重大决策以来，我国城镇化的发展受大的经济环境和农村改革的影响不断恢复。1978年我国城镇化率为17.9%，家庭联产承包责任制的推行使农村出现劳动力剩余，以及城市限制的放松使得进城务工的农民工越来越多，城镇化率年均增长1个百分点，在1983年曾达到23.5%；1984年之后在城市改革的浪潮中，我国城市数目由1984年的300个增至1992年的517个，建制镇由6211个猛增到1.2万个，城镇化率由23.0%上升到27.6%，年均提高0.74个百分点。③

（4）城镇化快速发展（1993—2010年）：1993—2009年，我国城镇人口由33173万增加到62186万，年均增长4.3%，城镇化率由28.0%提高到2010年的47.5%，年均增长3.5%，年均提高1.08个百分点。④

（5）城镇化全面发展（2010年至今）：在中国特色城镇化道路和新型城镇化战略的背景下，我国城镇化发展越来越注重质量、效益和结构，城镇化的发展不再单纯用人口城镇化率作为衡量指标，而是采用能同时反映出经济、社会、生态等各方面要求的综合指标。截至2012年，我国的城镇化水平达到52.57%。⑤

---

① 数据根据《新中国六十年统计资料汇编》、中国统计局网站等整理。
② 同上。
③ 同上。
④ 同上。
⑤ 同上。

综上所述,改革开放以来我国城镇化水平持续提高。从1978年的17.92%上升到2012年的52.57%,年均提高1.02个百分点。特别是2000年以来,年均增长速度达到1.36个百分点(见图2-3)。

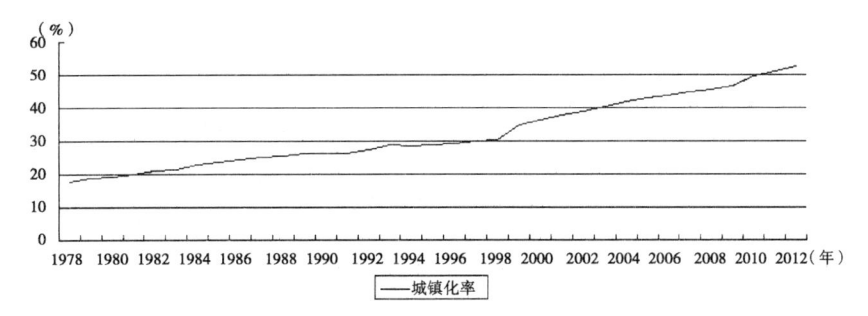

图2-3　1978—2012年我国城镇化水平变动情况

资料来源:中国统计年鉴相关数据整理得到。

2. 中国城镇化发展的区域差异

城镇化的发展与经济发展亦步亦趋,密切相关。如图2-4所示,以人均地区生产总值作为衡量经济发展水平的指标,城镇化与经济发展水平呈现出密切的相关趋势,经济发展水平高的地区城镇化率也高;而且东部地区经济发展水平和城镇化水平普遍高于中西部地区(图2-4中省份排列自左向右依次为东中西部省份)。近年来我国城镇化建设虽取得重大成就,但城镇化发展的区域差距问题却日益突出。2012年,我国城镇人口达到7.1亿,城镇化率为52.57%,基本达到世界平均水平,但呈现出区域间自东向西由高到低的阶梯状分布格局,东部沿海省份的城镇化水平明显高于中西部内陆省份,城镇化率最低的西藏与城镇化率最高的上海相差66.6个百分点;三大区域的城镇化水平也呈现出明显的不平衡性,如图2-5所示,东部地区的城镇化率明显高于中西部地区,2005年东部地区比西部地区约高出19个百分点,比中部地区约高出17个百分点,2012年东部地区比西部地区约高出17个百分点,比中部地区约高出15个百分点,虽然差距有逐步缩小之势,但仍旧过大。2013年12月在北京召开的中央城镇化工作会议,提出要"注重中西部地区城镇化",可见中西部地区已成为城镇化的重点推动区。会议的首次召开,也彰显了城镇化对我国经济社会发展的重要地位,城镇化是现代化的必由之路,对解决"三农"问题、推动区域协调发展、扩大内需和促进产业结构升级以及全面建成小康社会、加快推进社会主义现代化具有重大现实意义和深远历史意义。探究影响我国城镇化水平区域差异的原因对消除不同地域之间发展不平衡、促进区域间协调发展、有序推进城镇化有积极的意义。我国城镇化建设虽取得了重大成就，但城镇化发展的区域差距问题却日益突出。

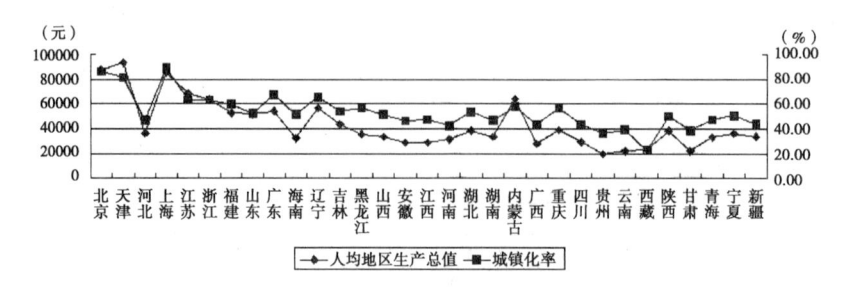

图2-4 城镇化与地区经济发展水平的关系（2012年）

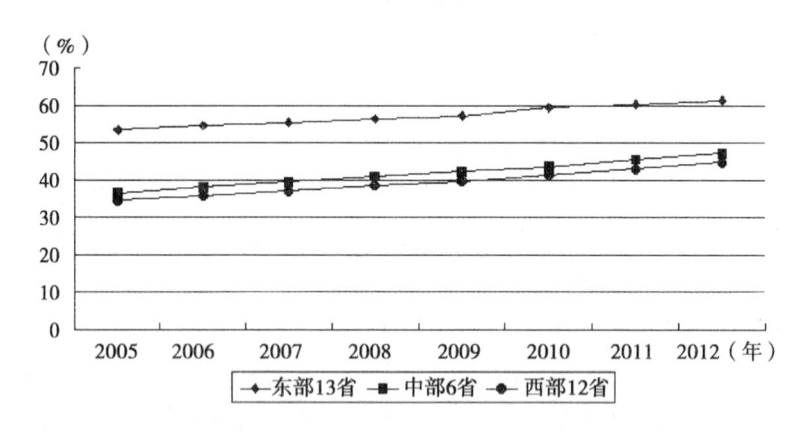

图2-5 三大区域城镇化水平差异（2005—2012年）

注：各区域城镇化率由各区域所包含的省份城镇人口总数占总人口比重折算得到。

与经济发展水平的区域差异相一致，东中西部地区城镇化发展水平也存在巨大差距。中央城镇化工作会议特别强调注重中西部地区的城镇化建设，提出了"两横三纵"的城市化战略格局，要在中西部和东北有条件的地区，依靠市场力量和国家规划引导，逐步发展形成若干城市群，成为带动中西部和东北地区发展的重要增长极，可见国家对中西部地区城镇化发展的重视。

二 中国城镇化发展的区域类型划分

关于我国城镇化发展的区域类型划分，不同学者从不同的角度提出了不同的划分方式，但这些方式各有侧重，各有优缺点。为此，本报告根据上一部分所论述的区域间、地区间、城乡间等的经济发展差距分析，及其城镇化发展的空间差异，尝试从区域发展、城乡关系、城镇空间布局、城镇化功能承担四个角度提炼出一种综合的划分方法——将我国的城镇化划分为三类城镇化区域。

（一）区域发展视角：东部地区、中部地区、西部地区

结合世界发展的经验以及我国改革开放以来的进步，无论是进入工业化后期高度发达的美国、英国，还是各发展中国家，其国家的经济和城镇化都是相辅相成、同步提高的，经济发展水平越高的国家，其城镇化水平也越高；经济发展迅速的国家，其城镇化步伐也较快。中国经济发展与城镇化进程同样是相辅相成共同推进的。1978年到2012年，我国的人均GDP由381元增长到38459元，城镇人口比重也由19.72%增长到52.57%；2012年我国东、中、西部的人均GDP比重为1.77∶1.04∶1，而城镇化率比重为1.37∶1.05∶1，也反映出城镇化水平与经济发展水平呈正相关。[1]

在区域层面上，三大地带的城镇化水平不仅有数量上的差距，而且在城镇化的质量上也有很大差距。东部地区因地理区位优势，加上改革开放政策的影响，经济发展快，与国际上的贸易往来频繁，人们思想观念更新快，创新性强，因此，东部地区的城镇化发展多表现为市场带动下的机制较为完善，企业活跃、产业集群特征明显、全体居民集体参与、基础设施配套齐全的自主的、成熟的发展方式。相反，西部地区由于经济起步晚、发展速度慢，缺少经济活力，城镇化只能依靠大中城市、企业支撑多以国企为主，小城镇的作用不是十分明显，农民转化为市民的过程迟缓，是一种依附式的城镇化发展方式。因而，东部地区城镇化发展起步快，经济发展水平高，企业活力强，城镇化质量好；而西部地区的城镇化发展缓慢，水平和质量都较低，经济发展与城镇化处于弱势地位；中部地区则是东西部之间的过渡地带。

发展条件和发展方式的差异，导致三大地带城镇化水平和质量差距不断扩大，东部地区尤其是东部沿海城市的城镇化发展远远强于西部内陆城

---

[1] 数据根据《新中国六十年统计资料汇编》、中国统计局网站等整理。

市。虽然近几年东中西经济发展差距和城镇化水平差距都有缩小之势，但东中西三大地带城镇化仍有较大发展差距。2012年全国城镇化率为52.57%，东部、中部和西部地区的城镇化率分别为61.46%、47.19%和44.74%，可见东部地区城镇化发展遥遥领先，高于全国约9个百分点，中西部地区城镇化率低于全国5至8个百分点，低于东部地区14至17个百分点，中西部差距较小。就城市等级规模看，2012年我国400万人以上的超大城市共14个，东部地区有9个，中部地区2个，西部地区3个。100万人以上的特大城市全国共127个，其中东部地区共61个，中部地区32个，西部地区34个。15大城市群东部地区占了10个。西部地区的特大城市和城市群分布相对稀疏。①

表2-6　三大区域的特大城市、超大型城市数量及城镇化率（2012）　单位：个;%

指标 地区	100万人以上 特大城市	400万人以上 超大型城市	拥有的城市 群数目	城镇化率
东部	61	9	9	61.46
中部	32	2	4	47.19
西部	34	3	2	44.74
全国合计	127	14	15	52.57

资料来源：据《中国区域经济发展年鉴2012》整理。注：城市群数目根据2006年《城市竞争力蓝皮书：中国城市竞争力报告No.4》中所列的15大城市群为标准。

在省际层面上，我国城镇化发展也存在较大的不平衡现象。至2012年底，城镇人口比重超过50%的省份已达18个，山西、宁夏、陕西三省首次超过50%；特大城市上海、北京和天津城镇人口比重在超过80%之后继续提高，其中上海的城镇化率已接近90%。按照2012年各省市自治区城镇化率的高低，可以大致把我国31个省区划分为三个层次：第一个层次是城镇化率在55%以上的地区，包括上海、北京、天津、广东、辽宁、浙江、江苏、福建、内蒙古、重庆、黑龙江等11个省区，这些省区大部分位于东部；第二个层次是城镇化率在45%到55%的地区，包括吉林、湖北、山东、海南、宁夏、山西、陕西、江西、青海、河北、湖南、安徽等12个省区；第三个层次是城镇化率在45%以下的地区，包括新疆、四川、广西、河南、甘肃、云南、贵州和西藏等中西部省区。城镇化

---

① 数据来源同表2-6。

水平最高的上海和城镇化水平最低的西藏相差66.60个百分点。①

表2-7　　　我国及各省（市、自治区）城镇化水平及其增长　　　单位：%

指标 地区	1990年	2000年	2012年	1990—2000年 增长率	2000—2012年 增长率
全国	26.2	36.9	52.57	3.48	2.99
北京	73.2	77.5	86.23	0.57	0.89
天津	68.2	72.0	81.53	0.54	1.04
河北	17.9	26.1	46.80	3.84	4.99
上海	66.1	88.3	89.33	2.94	0.10
江苏	22.6	41.5	63.01	6.27	3.54
浙江	30.6	48.7	63.19	4.76	2.19
福建	22.7	41.6	59.61	6.24	3.04
山东	26.8	38.0	52.43	3.55	2.72
广东	38.2	55.0	67.40	3.71	1.71
海南	20.6	40.1	51.52	6.89	2.11
辽宁	51.4	54.2	65.64	0.53	1.61
吉林	42.8	49.7	53.71	1.51	0.65
黑龙江	49.3	51.5	56.91	0.44	0.84
山西	26.7	34.9	51.26	2.71	3.26
安徽	17.7	27.8	46.49	4.62	4.38
江西	20.9	27.7	47.51	2.86	4.60
河南	15.2	23.2	42.43	4.32	5.16
湖北	29.6	40.2	53.50	3.11	2.41
湖南	17.4	29.8	46.65	5.53	3.81
内蒙古	35.5	42.7	57.75	1.86	2.55
广西	15.2	28.2	43.53	6.24	3.68
重庆	—	—	56.98	—	—
四川	19.7	28.4	43.54	3.73	3.62
贵州	20.1	23.9	36.42	1.75	3.57
云南	14.7	23.4	39.30	4.76	4.42
西藏	18.1	18.9	22.73	0.43	1.55

注：保留全国平均水平以便为各省（市、自治区）的水平提供参照。

① 数据来源同表2-7。

续表

指标 地区	1990年	2000年	2012年	1990—2000年增长率	2000—2012年增长率
陕西	20.7	32.3	50.01	4.55	3.71
甘肃	20.8	24.0	38.75	1.44	4.07
青海	25.3	34.8	47.47	3.24	2.62
宁夏	28.5	32.4	50.70	1.29	3.80
新疆	33.0	33.8	43.98	0.24	2.22

资料来源：(1)《中国地区差异的经济分析》，沙安文等主编，人民出版社2006年8月第一版，第327页，数据有所调整；(2)根据《中国统计年鉴2013》相关数据整理计算。注：1990年和2000年数据重庆与四川合并。

由此从区域发展的视角看，可以将城镇化发展的区域类型划分为以东部沿海为主的区域，以中部地带省份为主的区域和以西部内陆地区省份为主的区域三个类型。以东部沿海为主的区域大致包括上海、北京、天津、广东、浙江、江苏、福建等省市，以中部地带省份为主的区域大致包括吉林、湖北、海南、山西、江西、河北、湖南和安徽等省份，以西部内陆地区为主的区域大致包括新疆、四川、广西、甘肃、云南、贵州和西藏等省份。而且东部地区经济发展水平、人民生活水平与城镇化水平等各项指标都较高，西部地区与东部地区之间存在较大差距，中部地区则介于东西部地区之间，处于过渡地带。

(二) 城乡关系视角：双强型区域、强弱型区域、双弱型区域

我国城镇化进程中存在一个难以解决的体制性、结构性问题，即城乡二元结构长期存在。我国经济发展的区域差异、城乡差异，导致了不同地区体现出不同程度的二元性：东部省份由于生产力发达、城乡发展起步都较早且联系较密切，所以城乡关系相对融洽，城乡二元结构矛盾小，城乡互动性强，因而城镇和乡村联动发展水平都较高；而西部地区由于历史、地理等各种原因，城市的发展主要依靠行政力量，对乡村的发展带动力很小，导致乡村的发展严重滞后，城乡两极分化严重，要么是城镇发展水平高而乡村低，要么是城镇和乡村发展水平都很低；中部处于过渡地带，情况好于西部逊于东部。本部分试从城乡关系的视角来划分我国城镇化发展的类型区域。

如图2-6所示：（1）城乡收入两高型的省、市有7个，北京、天

津、上海、江苏、浙江、广东、福建，全部位于沿海地区，属于全国的发达地区，不仅城市居民生活水平高，而且促进了农村经济的发展与繁荣。(2) 城乡收入一高型。这种类型包括5个省、区，其中2个位于沿海（山东、河北），近年来经济发展十分迅速，可以看成是正在成长中的地区；3个位于东部地区（辽宁、黑龙江、吉林），东北三省是老工业基地，也是全国重要的能源和原材料基地，其基础工业和重化学工业的基础较好。总的来说，这一类地区可以看作收入过渡地带。(3) 城乡收入两低型。这种类型包括19个省、区，全部位于中西部地区，其典型特征是城市经济发展活力不足，农村经济也未得到很好发展，因而无论是城镇还是农村的人均收入都低于全国平均水平。

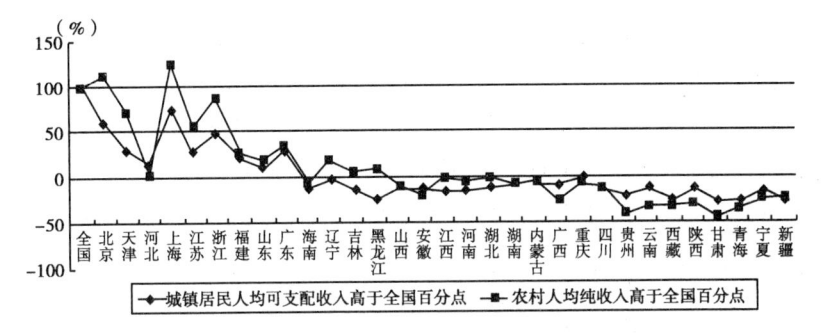

图 2-6 2012年地区城镇居民人均可支配收入与农村居民人均纯收入差异

资料来源：根据《中国统计年鉴2013》整理，以全国水平位100%。

由此，根据城乡收入差距指标，可将我国的城镇化类型划分为双强型区域、强弱型区域和双弱型区域。其中城镇化的双强型区域是指城镇与农村发展水平都较高的区域，大致包括北京、天津、上海、江苏、浙江、广东和福建等省市；城镇化的强弱型区域是指城镇或农村不平衡发展、一强一弱的区域，大致可以包括辽宁、黑龙江、吉林、江西等省份；双弱型区域是指城乡发展水平都较低的区域，典型的代表省份有甘肃、青海、贵州、新疆、广西等。

（三）空间布局视角：核心地区、重点地区、区域中心地区

2011年6月初，《全国主体功能区规划》正式发布。全国主体功能区规划是在对各区域当前的经济社会总体发展水平、自然环境与资源禀赋、生态环境承载能力、已开发情况（包括开发程度和密度）以及未来发展潜力和进步空间等进行详细分析、综合考虑基础之上，根据科学发展观的

总体要求，对该区域的未来发展进行功能定位的发展策略。我国的主体功能区规划中将国土空间分为四种类型，分别是优化开发区、重点开发区、限制开发区和禁止开发区，并在此基础上确定了主体功能定位，对开发的方向进行指导，对开发的强度进行监督和控制，对开发的秩序进行规范等，以期形成经济、社会、人口、资源、环境等相互协调共同发展的局面。

1. 核心城镇化地区

我国的核心城镇化地区对应了主体功能区类型中的优化开发区类型，这一地区具有明显的发展优势：首先，该区域综合实力较强，拥有一定的国际竞争力，经济、社会、人文、政治等各方面发展水平基本在国家水平之上，是国家发展进步的龙头；其次，该区域经济规模大、经济实力强，不但能够全面维持自身发展，还能够对国家弱势地区的发展起到辐射、带动甚至支援的作用，对全国经济的发展做出了巨大的贡献；再次，该区域内部经济活动活跃，往来频繁、联系密切，资源集聚效应明显，有区域一体化发展的基础，内部多形成大的产业集群、城市群、都市圈等一体化特征明显的经济单元；最后，该区域人才密集，自主研发能力极强，创新能力居于全国顶端，资金利用效率高，产业转换升级速度快。这类地区主要包括以北京、天津等城市为主的环渤海地区，以上海、杭州、南京等城市为主的长江三角洲地区，以广州、深圳为主的珠江三角洲地区等三大区域。

环渤海地区由京津冀、辽中南和山东半岛地区三大区域组成，在北方是与日本、韩国、俄罗斯等国家进行经济交流与合作的重要区域，是我国政治、经济、文化、科技等高度发达和集中的地区，其生产力发展程度和城镇化水平与质量领先于全国，是我国高端人才集中分布的区域，因而也是创新性最强的区域之一，其发展对周围区域的带动作用极强、辐射范围极广，可以代表全国参与经济全球化进程。长江三角洲地区由上海市和江苏省、浙江省的部分地区组成，是目前我国经济实力最强的经济区域，市场极其活跃，该区域拥有极其丰厚的资源和区位优势，人力、信息、交通（水陆空都较为发达）、科研、通信、资金等一直是中国的"龙头"，是全国经济发展情况的"晴雨表"，可以带动全国的经济发展，有潜力发展为世界性的国际大都市群。珠江三角洲地区主要以广州、深圳、珠海为核心，包括广州、深圳、佛山、东莞、中山、珠海、惠州、江门、肇庆共9

个城市，该地区也是我国三大区域经济带之一，在我国南方经济发展中居于重要地区，是连通我国与东南亚、东亚等国家的又一重要通道，辐射范围包括华中、华南、西南等地。

由此可见国家优化区域分布在东部沿海地带，其经济发展水平高、城镇化水平也较高，这类区域主要包括分布在长江三角洲、珠江三角洲和京津冀区域的省份或城市，是我国城镇化发展水平和质量较高的核心地区。因此，这类地区的城镇化我们称之为核心城镇化地区。

2. 重点城镇化地区

国家重点开发区域在主体功能区规划中是指经济基础较好，城镇化发展中规中矩，人口较为集中，其城市在区域发展中的集约程度较强，区域内部联系较为密切，科技创新能力不断提高，发展潜力较好并且一体化特征明显，且该地区具有形成区域性城市群的能力，能够维持自身经济发展并能在一定程度上发挥自身辐射带动作用，促进区域发展并在促进全国区域经济发展中扮演着重要角色等。主要包括：冀中南地区、太原城市群、中原经济区、长江中游地区、成渝地区、黔中地区、滇中地区等。

这类地区包括大部分中部地区省份和城市与西部地区部分省份和城镇。该类区域城镇化发展水平不如核心城镇化地区，但发展潜力较大，因此可以称之为重点城镇化地区。

3. 区域中心城镇化地区

区域中心城市是我国对城市依据城镇体系规划进行的一种划分的方式，是指具有重要区域意义的省会城市及副省级城市，区域中心城市的培育将促进区域经济社会的发展、缩小地区间发展水平的差距。现代区域中心城市与传统概念下的地域性中心城市相比，具有更为科学更为广泛的内涵。它指的是在一定的区域范围内具有引领、辐射、集散、制衡等作用的主导性城市。它超越了原始的自然地理范畴，体现现代资源、产业、交通、市场、信息、文化地理、政治地理等多层面的领带效应。区域性中心城市往往是区域内的交通枢纽，是各种要素的集散地。区域中心城市分为全国区域中心城市、跨省域区域中心城市、省域区域中心城市、省内区域中心城市共4个等级。全国区域中心城市即在全国一级经济区中发挥核心作用的城市，例如天津是国家"十二五发展规划"中环渤海地区的区域经济中心；跨省域区域中心城市即在跨省域二级经济区中发挥核心作用的城市，例如南京是长江三角洲北翼及南京都市圈的中心城市；省域区域中心城市即在省域三级经济区中发挥核心作用的城市；省内区域中心城市即在省内局部地区发挥核心作用的城市，例如昆山是苏州的外向型加工中心。

本书在此所论述的"区域中心"主要是相对于经济区域和城市群、社会群而言的剔除核心地区城市和重点地区城市的城市圈、城市网络。例如在西部大开发"十二五"规划纲要中，提出了西部地区的重点开发地区，主要包括兰州新区、成渝地区、陕甘宁革命老区、关中天水地区等，这些地区所依托的重点城市应该作为西部地区的中心城市飞速发展。再例如以新丝绸之路经济带为主线的附近区域中心城市、兰州都市圈中的城市，这些城市将成为未来城镇化快速推进地区。因此，我们把这些以区域中心省份和城市为代表的城镇化地区称为区域中心城镇化地区。

（四）功能承担视角：普通地区、特色地区、特殊地区

国家对主体功能区的划分还包括限制开发区域和禁止开发区域。这两个区域可以从城镇的功能承担上划分城镇类型。从文字上理解，这两个类型区显然是具有重要文化传递或生态保护等重要战略屏障的区域，是国家发展前进的特殊支撑，因而其发展并不能单纯地考虑经济进步和进行城镇化，有时甚至需要以牺牲经济发展为代价来维持该功能区的特殊地位。限制开发区域又分为农产品主产区与重点生态功能区，它们均是我国的基础产业——农业特殊保护区、特色农业带和重点生态功能保障区；禁止开发区域包括重要自然保护区、文化自然遗产、风景名胜区、森林公园和地质公园等，这些地区的城镇化不能遵循一般规律，而是要加以限制甚至明令禁止，从而起到对特殊资源的保护作用。对于限制开发区域中的农产品主产区，要转变过分重视对经济增长收入的考核，而应加强对农业综合生产能力的考核力度，以显著地提高农产品的综合生产和发展能力。对于第二类重点生态功能区，要加强对其生态保护功能和提供生态产品功能的考核，使其更好地发挥在生态保护和生态效益方面的作用。对于禁止开发的区域，要强化对自然资源的原真性和完整性保护的考核，严格禁止可能对该类区域生态环境造成损害的行为。

由此从功能承担的视角可以把我国的城镇化区域分为普通城镇化区域，即一般的、按正常流程进行的城镇化区域；特色城镇化区域，如重点农业地区，特色农、林、牧、渔地区，资源型地区，旅游型地区等；特殊

城镇化地区,如革命老区、民族地区、边疆地区、贫困地区、边缘地区、生态安全与敏感地区等。

(五) 综合视角划分：一类地区、二类地区、三类地区

对上述四种角度划分类型进行总结与对比,可以发现四种区域划分基本能一一对应。将四种视角下的不同区域分别重叠后,就可得出典型区域类型,如表 2-8 所示。

表 2-8　　　　　　　综合视角划分我国城镇化发展区域

视角＼类型	一类城镇化地区	二类城镇化地区	三类城镇化地区
区域发展	东部地区	中部地区	西部地区
城乡关系	双强型区域	强弱型区域	双弱型区域
空间布局	核心地区	重点地区	区域中心
功能承担	普通地区	特色地区	特殊地区

在此基础上,根据城镇化发展的复杂性和难度,可将我国 31 个省市自治区进行归类总结。其中,一类城镇化地区是指基本位于我国东部地区、城乡发展水平都较高、城镇处于核心城镇化地区以及普通城镇化地区的城镇化区域,具体包括省份有北京、天津、上海、广东、江苏、浙江、福建、重庆、辽宁、山东共 10 个地区；二类城镇化地区基本是处于中部地区、城乡关系属于一强一弱型、重点建设地区以及特色城镇地区的过渡地区,具体为内蒙古、河北、河南、陕西、吉林、黑龙江、湖南、湖北、安徽、海南、江西共 11 个地区；三类城镇化地区大致是处于西北内陆欠发达地区、城乡发展都比较滞后、以区域中心为依托以及民族等特殊地区的城镇化区域,具体包括四川、宁夏、新疆、广西、甘肃、青海、云南、贵州、西藏、山西共 10 个地区。

一类地区大部分省份位于东部沿海地区,这类地区起步早、发展快,经济基础较好,无论是发展水平还是发展速度都居于全国领先地位,城镇吸收、容纳流动人口的能力极强,城镇化率和城镇化质量也高于其他地区,其中老直辖市北京、上海的郊区化趋势已开始显现,远高于中西部部分省份的城镇化水平。这类地区今后应当继续利用区位优势,大力发展经济,并加强与内地的交流,实现与其他区域的资源共享,发挥其辐射带动

作用。另外，北京、上海等超大型城市还应当在原有的基础上向国际化大都市迈进，充分吸收国际上超大型城市（如纽约、伦敦）的发展经验，提高自身的综合竞争能力，把自身打造成国际一线城市。

二类地区大部分省份位于中部地区和少数东西部地区，这类地区目前经济水平一般，基础设施较薄弱，处于工业化的中期阶段，生产力发展主要靠工业的支撑，第三产业发展稍微滞后。如何进行产业机制调整、振兴经济，从而促进该类地区城镇化的发展，是应该着重解决的问题。

三类地区所包含的省份主要分布在西部内陆地区，人口压力较大，生态环境脆弱，具有必不可少的屏障作用，经济发展落后但经济增长速度近几年来不断提高并高于全国水平和一类地区平均水平，基础设施建设落后，农业在国内生产总值中的比重偏高，二三产业急需进一步发展。该类地区应当抓住西部大开发的契机，充分利用国家政策优势，大力发展教育以培养人才，加大投入以促进经济进步，科学合理规划城镇布局，加强城镇基础设施建设，以实现城镇化的合理快速发展，缩小与一、二类地区的差距。[1]

三 中国城镇化发展的地域分异原因

自改革开放以来，我国城镇化的发展速度令世界瞩目，城镇化水平快速提升，尤其是自 20 世纪 90 年代至今，我国城镇化率由 1995 年的 29.04% 提升到 2012 年的 52.57%[2]。然而从区域划分的角度来看，我国的城镇化发展状况在区域间又存在着较大的差异。总的来说，东部地区的城镇化发展程度远远领先于中西部地区。所以，寻找导致我国城镇化水平在区域间存在明显差异的原因对于缩减和弥合不同地域之间的不平衡发展、达到区域间协调发展、有序促进城镇化有积极的意义。

诸多研究人员都已经运用计量经济学的视角对城镇化地区差异的诱导因素做了大量分解。周晓东（2004）从制度和经济两个层面研究了重庆市的城镇化滞后的诱导因素，提出经济状况和制度协调对城镇化关联度较

---

[1] 孙文慧、高向东等：《我国城镇化水平的省际差异及分类研究》，《西北人口》2005 年第 3 期。

[2] 数据来自《新中国六十年统计资料汇编》和中国统计局网站。

大，其中经济发展状况，譬如第二、第三产业对城镇化主要发挥着拉力作用；但体制制度安排，像户籍制度对城镇化主要起阻碍作用。

朱农、骆许蓓（2006）在阐明中国城市化发展过程中区域差异基础上，提出不同地区对城市化发展水平影响的因素不同，并且提取29个省份1984—2001年18个年份的量化数据，引入平行数据模型探讨了这些因素在各地区所产生的不同效果，并初步推出结论：中国在城市化的推进中存在着较为显著的区域性差异，尤其体现在沿海和内地之间的差异；在不同地区，第二、第三产业对城市化水平产生不同的影响效果，在中部地区，第二产业极大的带动了当地城市化水平，而在沿海地区，第三产业在这方面的作用显得更加突出；中国的对外开放极大加速了城市化进程，其突出作用主要体现在沿海地区，所以，全力提升中部和西部地区对外开放水平将有效地提升城市化进程；农村地区非农产业对城市化进展来说是一把双刃剑，在沿海和西部地区，农村非农产业补充了城市化发展的不足，而在中部地区，反而主要发挥着替代作用[①]。

张科举、杨欢（2008）从区域间城镇化的不同为起点，提取2001—2005年各省市相关数据，利用多元回归模型，详细地研究了以下问题：一是有哪些因素影响区域间城镇化的发展水平；二是预测这些影响因素在未来五年内的发展态势，并在此基础上给出合理化的建议。得出以下结论：对于中等教育，在地区城镇化差异的影响方面是不显著的，在地区人口流动中受过中等教育的人所占份额不大；对外开放度对地区城镇化差异的影响也没有显著结果；在地区城镇化差异发展成型中非公有制经济不再发挥重大作用；同时，产业结构显著影响区域城镇化发展，尤其是第三产业所占份额[②]。

孙文慧（2005）等使用统计知识，引入相关数据并借助SPSS统计软件，将31个省市城镇化发展状况进行了主成分分析和聚类分析，初步获得了各个类型的特点，然而对影响城镇化水平差异的详尽因素并未具体细分。王良健、罗湖平（2005）等运用区域差异测度方法研究我国自1978年以来城市化发展区域差异的根本特点，利用区域差异的测度方法，通过

---

① 沙安文、沈春丽、邹恒甫主编：《中国地区差异的经济分析》，人民出版社2006年版，第326—348页。
② 张科举、杨欢：《中国地区城镇化差异影响因素研究》，《经济研究》2008年第9期。

Excel 工具单独计算不同地点、不同时间段的城市化率差异指数值，推导出当下我国城市化水平之间的区域差异在不断缩小，但是区域发展不平衡、差异明显的基本格局依然明显。东部地区各省（市、区）的城市化水平之间的发展差距最大，中部地区第二，西部地区最小。并在此基础上提出了改良型建议和策略，但依然没有对差异具体原因进行量化或具体的解释[①]。

孙雪、郝兆印（2013）等立足于政府行为对我国城市化水平在时间和空间上的演进做出说明，政府经济行为对城镇化的影响主要体现在时间上，对城市化的区域差异影响主要体现在区间上，最后得到我国城市化发展和政府经济行为息息相关、密不可分。

影响中国地区城镇化差异的因素角度，各位学者们寻找城镇化地区差异的原因所侧重的方面以及所采纳的视角不同，归纳体现在以下方面：

1. 自然地理环境、自然地质条件对区域城镇化发展所展现出的格局会产生一定影响。地形地貌是影响城镇"外貌"的基本因素，城镇化所展现出的布局由于所在地的自然地理环境成分差异也出现相应的差异。比如：平原、河网、沿海等地理特征或山地、旱地、内陆等地理特征影响着城镇的密集程度，相对而言平原地区、河流交汇地区、沿海地区的城镇布局更加稠密，聚集式和组团式发展特征明显；而内陆山区等地形的城镇布局则相对稀疏。除了地形地貌外，一个区域内的自然资源也会影响城镇的进一步发展，甚至资源的质类、种类、品位、储备量、地层位置、分布范围，可采掘、生产和使用难易度大小，都会相对地对城镇化的形式、布局、性质、规模产生一定的影响。从城镇成长的区域角度看，水资源、土地资源等基本自然条件的分布不均衡一定程度上导致了我国城镇化发展的区域差异。我国地域广阔，从东到西自然地理环境变化极大，从而导致了我国东西部城镇化发展的差异较大。

2. 国家策略的变化与行政区域规划因素在城镇化发展历程中不可避免的产生影响，而且这些因素的作用力也相对较大。中国依然是发展中国家，各项指标与发达国家尚存在一定的差距，工业基础相对薄弱，城镇化水平相对较低。新中国成立伊始，为拉动经济发展、彻底摆脱落后的城市

---

① 王良健、罗湖平等：《改革开放以来我国城市化水平区域差异的量化分析》，《西北人口》2005 年第 6 期。

面貌，国家根据我国各具特点的区域发展和不同时期的国民经济发展规划，在不同时期制定和实施了一系列重大战略举措，以此来支持城镇化发展，对于不同区域间的城镇化发展历程产生了巨大的推动作用。综合来说，我国区域政策变化概括起来有以下几次明显的改变：第一次变化实施于改革开放前，立足于新中国成立前我国工业底子相对薄、工业主要集中于东南沿海发达城市一带的基本格局，但是广袤的内陆主体区域工业基础相对薄弱，同时出于国防安全建设的深度考虑，国家在相当长的时期内把经济建设和城镇发展的主要精力置于内地和"三线"地区的建设上。通过国家对该地区直接投资以及重点项目建设的不断上马，中西部地区相继涌现出了一大批工业化城市，客观上缩小了城镇化区域之间的固有差异。第二次变化从改革开放开始，基于沿海地区拥有地理位置优势以及可以方便就近接受发达国家的产业链条的转移，从 20 世纪 80 年代起，国家发展策略整体向"沿海倾斜"，由此设立了"经济特区"（1979 年），提出"沿海港口城市开放"发展策略（1984 年），稳步扩大开放的步伐和内容，并于 1990 年特设上海浦东开发新区，极大地拉动了长三角地区的经济腾飞。但是双刃剑仍有另一面，东部及沿海地区的腾飞使得区域之间的差异日益明显，于是 20 世纪 90 年代开始了政策和战略的第三次重大转变，由"沿海倾斜"转变为协调区域之间的发展，尤其是上世纪末至今，西部大开发战略、振兴东北老工业基地战略以及中部崛起战略的相继实施，极大地提升了内陆地区的经济发展效率和速度，推动了当地城镇化发展演进过程。现如今，国家战略日益看重城市群聚发展的积极意义，突出区域之间不同城市群的协调发展，因为城市群的不断发展不仅可维持原先大城市规模经济效应和聚集经济效应，而且还能够防止某单个城市因过度扩张而产生"城市病"，另一方面较为集中的城镇化布局，可以尽可能地避免城镇过分宽散，进而避免土地浪费现象，促进土地的集约式开发，保护我们的生态环境。在上述一系列政策的综合影响下，我国的城镇化进程与从市场发展需要的城镇化布局并未保持一致。社会主义公有制下的计划经济体制，即国家战略政策规划和区域规划在我国城镇化发展历程中发挥着必不可少的影响作用，同时还是作用力较大的因素之一。

3. 经济因素是导致城镇化发展地区之间产生差异的最重要因素，譬如产业结构状况、工业化发展水平、所有制结构类型等。若是把政府因素看作推动城镇化发展的外部因素，那么经济因素就被认为是城镇化发展的内在核动力。经济的快速飞跃助推城镇化前进的步伐，城镇化发展过程反而又能激励经济状况的改善和发展。伴随着经济的快速增长，居民的收入水平和生活水平日益改善，随之而来的是居民的需求等级、消费结构会出现显著的变化，具体体现在一般消费品占消费总额的比重下降，但需求收入弹性较高的消费占总消费的比重却上升，这一显著变化显然会带动各种生产要素向第二、第三产业转移，从而引导出产业结构的升级换代。展现出类似规律的还有产业中从业人口占比变化（以就业人口为主），即在经济发展中，从事第一产业的劳动力占总就业人口的比重呈下降趋势，而从事非农产业的第二、第三产业的人数占比呈上升态势。同时，产业结构的不断演化反过来又要求生产要素不断地汇集流动，在空间上突出的表现就是城镇化格局的不断发展和壮大。另外，大、中、小城市日益扩张，又促进了城市范围经济的繁荣，城镇居民购买水平和消费水平也随之上升，同时辐射和带动周边城市和农村地区的发展和进步，进而客观上促进了农业现代化，农民的收入不断增长。可以说经济因素已经成为影响城镇化进程最为重要的因素，很多其他的、细节性的影响因素都可以经过一定的归纳分析在经济因素中找到概括点，例如下文所要探讨的产业结构布局、所有制结构布局等因素。

（1）工业化水平。世界城镇化前期发展经验数据表明，城镇化的发展变化是和工业化和生产力的不断解放和进步密切相连的。首先，工业化水平的不断提高促使城镇化的扩展。以发达国家为例，在工业化、城镇化早期发展阶段，英国、法国等国工业化与城镇化联系度均超越95%，由此看来只有高度发达的工业化国家才具备相对成熟的条件成为现代化的城镇。对于工业化水平较低的国家和地区而言，推进工业化进程在某种程度上也是推进城镇化的进程。其次，工业化在不断增加国民收入水平的同时也促进城镇化的发展。不断推进的工业化刺激了劳动生产率的提高，劳动生产率的提高促进了生产规模的不断扩张，结果是社会福利提高，社会产生大量的物美价廉的物品，同时城镇居民的生活水准也得到较大的改善，在日益发展和扩张的城镇化进程中非农业人口的就业和收入也会得到保障。最后，在规模经济、聚集效应的双重作用下，企业和厂商生产条件不断改善，外部环境对生产越发有利，生产规模不断扩大，在商品销售过程中有可能更多地获取利润，同时政府可以综合利用企业利润中缴纳的财政税收资金进一步为城镇化的进一步发展发挥促进作用，从而为城镇提供更好的服务，使得生产条件更加完善、生活居住环境更加优美。

（2）第三产业的发展。数据表明，第三产业的发展对于城镇化水平的提高越发显得有推动力。首先，第三产业在为工业和城镇提供便利的条件上具有很大优势，比如有利的服务环境和健全的基础条件，这都提升了城镇的吸收能力，并逐步演变为城镇化发展的后续动力。物流、保险、教育培训、信息服务等行业的不断兴起为第二产业提供了其发展所需要的各种配套条件和设施的同时，也极其有利地推动了城镇基础设施的健全和覆盖，从而日益完备城镇产业结构，更加便利生产生活，更加完善必要功能，更加强化吸引力，最终在工业化极尽所能达到饱和状态之时，后来跟进的城镇就成了发展的增长点，城镇化的可持续发展和健康发展变为现实。其次，第三产业的产业点主要集中在劳动力集约型产业，大量吸纳劳动力，就业弹性较高。自 20 世纪 90 年代至今，平均算来第二产业平均每增加一个百分比，就业岗位增加量就可达 26 万个；而第三产业平均每增加一个百分比，则就业机会增加量就可达 100 万个。由此可见，当前中国面临着较为严峻的就业形势，而第三产业具有得天独厚的吸纳就业的优势，在促进就业方面的作用显得尤为突出。再次，第三产业的推进与城镇化发展之间有一定的互动性。第三产业是在企业与人口在一定的空间区域内按照一定比例达到聚集，它是服务日益凸显社会化、市场化的结果，它基本上只能在城镇化的经济背景之下存活，从根本上来说还是归属于城镇的就业范围。第三产业的发展，也就是城镇化背景下的产业发展延伸、城镇就业增长和城镇功能的日益完善。然而城镇第三产业的进步需要一定的前提条件，主要是恰当投入量的生产要素特别是劳动力在城镇区域环境背景下有效地聚集。可见，第三产业在调节和稳定农村经济的发展方面发挥着不可替代的作用，城镇未来的发展和后期的持续的、拥有后劲的发展都应以此为契机。城镇化在第三产业的发展过程中显然已经成为其后续发展的支撑和依靠，城镇发展所必需的聚集作用、辐射作用、带动作用等均为第三产业所共同拥有，由此可见，第三产业与城镇化存在明显的联动关系。最后，第三产业的发展推动城乡协调发展。在城镇周边地带和经济较为发达地区，农村腹地第三产业的发展也是城镇第三产业在空间上的延伸，也是无形的市场容量的自然渗透，是城镇生产要素不断地转移和在农村地区的扩散，最终实现农村和城镇一体化发展。从国际经验来看，工业化和城镇化继续推进，在农村第三产业扩散中，这种城镇辐射农村的作用，将会日趋明显，最终归宿便是城镇一体化的发展格局。

（3）所有制结构。1992年，中共十四大把经济改革目标定为建设有中国特色的社会主义市场经济体制。此前，改革开放不断深入，非公有经济一直是公有经济的重要补充，推动地区经济的发展。非公有经济增速快，而且绩效和效率明显较高。浙江的义乌、温州是私营经济发展的成功典型；珠江三角洲借助对外加工等对外贸易不断起步，大多数也属于私有经济。可见，自改革开放至今，伴随着所有制的体制放开，各地搞活经济，非公有成分占比高的地方，一般经济发展程度也高。经济发展水平高的地方，一般城镇化水平也高，进而我们有充分的理由认为非公有制成分高的地方，城镇化水平也应该越高。

4. 开放程度因素，也就是开放程度相对高的地方，城镇化水平一般也越高。有研究表明，亚洲"四小龙"根据自身优势，正确定位，参与国际分工，在经济发展上让世界瞩目。同期的乌拉圭、阿根廷等国因进口替代战略的实施，导致经济发展缓慢。依据国际贸易基本原理，一个地区推行自由贸易，就可以发挥自身的优势，促进经济发展，进而产生规模经济、提高效率、提高技术等好处，同时本地企业在出口增加的大背景下生产会随之扩大，当地就业更加充分，区域经济发展得到更大的提升。据直接投资基本理论，外国直接投资所带来的资本、技术、管理经验和税收收入等，将会促进地区经济发展。外国直接投资对差异性的地区经济发展程度也是各异的，将会带来地区经济差异性发展。由上述我们可以推测：一般开放度高的地方，城镇化水平也应该越高。

5. 人流、物流、信息流、能源流与基础设施，基础设施健全的地方一般经济发展程度较高，城镇化水平也应该较高。城镇是社会、区域分工与协作的综合产物，它的存在和发展也是在这种分工协作的基础上产生的。任何城镇多多少少都会同社会其他部分、其他产业、其他区域产生这样或那样的关联，尤其是大的经济环境、人与人的交流、资源的共享和优化配置、城镇服务条件、信息与交通等方面的相互交流。由此可见，城镇发展能力的必要条件是交通运输设施、电力能源设施和信息通信设施等对城镇兴起和消亡起承托作用的基础设施设备条件。其中，城镇交通发达程度是城镇对内对外联系的重要条件，交通条件的便利性直接影响城镇功能的发挥，影响经济发展水平、人口聚集程度、城镇功能辐射等，在改变区域资源配置和流动方向的基础之上，进而改变城镇化分布方位。从城镇的功能上来讲，城镇是区域性贸易的集散中心，若没有快速的交通运输，人流、物流等资源要素流动不畅，甚至拥堵。所以，交通运输方位、交通运输方式、交通运输车辆，各种交通运输方式和车辆的组配，交通运输网络的构成和具体态势会对区域性城镇化的发展产生影响。在当今的时代背景下，信息已成为国际重要标识，可以代表国家经济实力和在国际上的影响力。全球信息技术飞跃式发展显示出其对经济进步的超强作用力，城镇的发展也有了超越现实的空间。城镇可以通过网络、电视等各种途径向外扩张，城镇之间的关联度不断增强，城镇发展的理念发生质的变化。基建规模对一个地区来说其影响不可估量，基础设施条件健全的地区，其相应的投资硬环境较好，易吸引外部投资，从而推动地方经济发展。社会主义新农村建设，基建作为农村经济发展的重要成分。总而言之，我们相信基建健全的地方，一般经济发展程度高，城镇化水平相应也较高。

6. 科技因素对城镇化在空间上的分布产生重大影响。科学技术是第一生产力，它的广泛应用体现在城镇化发展上，主要表现在：科技的前沿性为城镇化的建设提供理论引导和借鉴作用，科技的创新性为城镇的布局提供规划指导作用，科技的具体性（表现在新产品的开发与运用）为城镇化的发展提供后备支持，科技的不断升级影响着城镇化的建设理念（如"新型城镇化"概念的提出跟科技发展的水平有很大的联系），总而言之，科学技术的发展为城镇化提供了广阔的进步空间。科技对经济、城镇化的分布结构和结构向何种方向调整和改变产生着影响，与信息在一定的个别点上有较多的相似之处。另外，科学技术的作用从微观层面上主要体现在科学技术作为一种生产要素对城镇化的发展产生的影响上，即科学技术不同于劳动、资本等一般的生产要素形式，可以独立产生作用，作用范围更广泛、使用期限更长、使用方式更灵活，发挥的作用更大、效力更久远，并且与劳动、资本等要素可以充分融合而使用，从而产生更大的规模经济效益。科学技术对城镇化的发展产生影响的主要方面是城镇的布局和城镇化的发展理念。第一，科学技术作用于城镇经济结构的转变（产业结构、企业技术结构），改变和升级经济类型、经济规模、经济结构、经济速度和经济取向，影响城镇化的具体布局和未来发展方向，在此种状况下，不同的城镇会出现差异性发展，有的发展壮大，有的衰落败亡，有的获得新生，有的从无到有逐渐产生；第二是伴随着新兴技术革命的不断向前推进，高新技术和高新产业的不断发展，结构的不断升级和完善，我们采取先影响经济规模、经济结构、经济类型、经济发展周期、经济发展动力、经济发展速度、经济发展取向等各个方面,进而影响城镇的发展布局和未来发展方向,以期达到上述同样的效果;第三是科技双重影响城镇集中度和分散程度;第四是大力运用科技手段提高城镇区域规划具体布局的前瞻性、战略性、科学性、可操作性和实践性;第五是高新科技,特别是现代化科技激发经济全球化,从全球经济发展的角度推动世界城镇体系和世界城镇化布局的发展和进步。①

7. 外部资金的不断注入不仅促进新城的形成,还促进老城的发展,资金充足与否在一定程度上直接导致了城镇化发展的快慢。工业革命至今,资金一直被作为工业化过程中对城镇化形成的催化剂,明显地促进了城镇的不断扩张,投入大量的资金才能有效地保证城镇不断完善的基础设施和公共设施,不断提高当地居民的生活水平,促进城镇在范围上的扩张,更多的将农村剩余劳动力吸纳到城镇当中。纵观城镇发展历史,我们已能罗列出"源于资金拉动而形成现代都市"的诸多实例,譬如在新中国成立前的上海、天津以及改革开放以来不同的区域性的城市发展群落。城镇化建设可以从多方获取所必需的资金,一方面来自国家财政的划拨,另有社会闲散资金的注入,财政投入大多集中在公共服务领域,社会资金多体现在房地产业的投资。此外,世界经济一体化趋势日益明显,合法的跨国资本的流动和注入又成为城镇化发展的一个新的催化剂。对发展中国家来说,外资解决了发展中国家资金不足问题,为经济发展注入活力,城镇化也越发表现出国际性特点。合法外资直接促进城镇化发展,制造业等实体行业不断被激活,由此吸纳大量的闲散和剩余劳动力,由此进一步促使经济向工业化的转型。间接性影响也不可小觑,对于当地企业来讲,外资注入极大地解决了企业资金不足问题,先进管理经验又极大地提高了地方企业的经营效率,利润总量自然飙升同时带动地方经济整体繁荣发展,地方繁荣发展反过来促进了娱乐等第三产业的发展,带动产业升级,就业获得进一步增长,经济发展进入良性循环。②

8. 人们的行为方式在一定程度上受到思想观念的支配,虽然这并不

---

① 王培三:《我国城镇化发展进程中的区域布局差异因素分析》,《安徽农业科学》2011年第9期。

② 王洪涛:《我国城镇化水平区域差异的原因分析》,《决策观察》2013年第3期。

直接带来城镇化,但在深层次上对城镇化的发展产生影响。第二、第三类城镇化地区,尤其是第三类城镇化地区,观念落后,表现在:一是稳步不前、安土重迁的传统,缺少风险投资意识;二是"等、靠、要"思想扼杀了创新观念;三是反应缓慢,脱离国家政策前沿,错过前期优良的发展机遇。

四 动力机制对中国城镇化地域分异的影响

中国地区城镇化差异的影响因素有很多,各位学者们在分析城镇化地区差异的原因时所选的视角或各自的侧重点均有区别,在此不再一一赘述。总体来看,目前关于我国城镇化区域差异影响因素的研究有很多,对于城镇化的动力机制的研究也较多,但罕有从动力机制视角分析我国城镇化区域差异产生原因的研究和动力机制对我国城镇化区域差异的影响研究,即使有也大都是定性描述。因此,本书主要从动力机制的视角来探讨影响城镇化地区差异的因素,研究动力因素对城镇化地域分异的影响效果,并欲借助多元回归分析对其影响效果的实际大小进行测度,以期从动力机制的视角为城镇化区域发展的政策创新提供基础。

城镇化的动力机制因经济的发展、产业的转换、城镇化水平的提高等各种条件的变化而变化。一个城镇发展的动力因素不可能一成不变,动力系统中各种动力作用的大小也不尽相同,在城镇化的动力机制问题上,不同学者有不同的认识,研究的视角也不一致。顾朝林(1995)、宁越敏(1998)、周一星(1998)等早期研究城镇化的学者在城镇化动力问题上选取的角度虽然不同,但他们都认为影响城镇化发展的动力因素是多元的;崔功豪、马润朝(1999)指出了地方政府和居民群体力量对城镇化发展的作用,把研究视角定格在"自下而上"的动力因素上;辜胜阻、刘传江(2000)指出产业结构不断转换的过程才是城镇化的动力机制;丁登(2001)则认为城镇化动力机制分为内生动力和外生动力,并且这两种动力机制是一个互动过程。吴靖(2007)认为持续的经济发展是城市化进程得以稳定、健康延续的动力机制,并将我国城镇化动力机制的表现形式归纳为农业发展的基础作用、农村工业化的推动作用、比较利益的驱动效应和制度因素的促进作用。曹广忠、刘涛(2010)在对城镇化驱动因素的相关研究进行回顾和灰色关联分析基础上,选取了一个独特的视角——经济系统，并在此基础上构建了动力模型和省区城镇化核心驱动力计量模型。实验结果印证了城镇化与经济发展之间相辅相成、亦步亦趋的关系，且第三产业对城镇发展的作用越来越重要，但在二三产业欠发达的中西部地区，工业化仍然是城镇化的核心动力等。李扬扬（2011）从英国经济学家雷文斯坦（E. Ravenstien）的推拉理论，即农村的推力和城镇的拉力两个方面入手阐释了城镇化的动力机制，在这两个力的共同作用下，城镇化不断向前推进，并将我国城镇化的动力机制解释为农牧业发展是初始动力、工业是根本动力、第三产业是后续动力。但是她仅从产业发展和产业结构的视角解释了城镇化的动力机制，对我国城镇化发展的动力机制的归纳明显缺乏完整性和全面性。

城镇化的动力机制是指推动城市诞生和发展所需动力的产生机理，以及维持和改善这种作用机理的各种经济关系、组织制度所构成的综合系统。针对不同的城镇化区域，其不同动力机制在不同区域发挥的作用也存在相当大的差异。综合以上各位学者的研究，杂取百家、博采众长，本文试图从市场化程度、产业发展、比较利益和开放水平四个动力因素的角度来解释城镇化区域分异的原因。

所谓市场化程度动力机制，主要是指在城镇化过程中，对城镇化的发生与发展做出影响的微观主体，包括市场、企业、居民、个人等对城镇化的助推作用。在城镇化进程中，市场机制主要指的是农村社区、乡镇企业以及农民家庭在市场机制的引导下，以农村人口、产业结构转化与空间集聚为表征，以农村小城镇发展壮大为中心的农村地域转化为城镇地域的过程；主要表现为富裕农村依靠农业剩余发展非农产业实现劳动力向小城镇转移的集聚型城镇化，乡镇企业的发展、劳动力的转化和小城镇建设构成自下而上城镇化的主要内容。

产业发展动力机制，是指第一、二、三产业的发展及产业结构升级等因素对城镇化建设的作用。克拉克定理详细地揭示了产业变换及劳动力职业转换的规律，即在生产力水平逐渐上升、人们生活质量逐渐变好的前提下，第一产业在整个国民经济中的比重就会不断下降，反映在就业结构中，则表现为该产业就业人口的比重也不断降低。同时，二三产业的比重不断上升，二三产业从业者在就业结构中的比重也不断增加。从目前三次产业的发展情况看来，农业发展为城镇化提供的是基础动力，工业化是城镇化进程的核心动力，第三产业则是城镇化的后续动力。

比较利益动力机制主要是从产业间的比较收益和城乡之间的比较利益两方面对城镇化产生作用,包括城乡居民在收入、医疗卫生、教育、享受的机会、地位与尊严等方面的比较利益驱动。相对二三产业而言,农业的比较收益很低,农业产业与非农产业之间存在非常大的收益势差,再加上城乡收入水平(城镇居民可支配收入平均为农村居民人均纯收入的三倍左右)、交通和医疗等基础设施设备条件、精神生活层面等各方面的差距,导致劳动力不断从农村向城镇转移。

开放水平动力机制。对外开放水平反映了一个国家参与国际贸易或参与国际分工的程度。经济全球化使得在此背景下进行的城镇化进程突破单个国家或地区狭隘的地缘界限,在更广阔的空间内实现区域资源(商品、劳务、资本、技术等要素)的重新整合和优化配置。在此情况下,城镇化发展必然会形成区域中心城镇,以区域中心城镇为轴,又形成中心城镇—中小城镇—乡镇—农村的梯度。一般来说,贸易流量越大的地方,就越容易产生大的国际性城镇,参与国际贸易的分工层次越高的地区,越容易出现能够将资本与知识要素集合起来的中心大城镇。因此,在全球化和信息化浪潮下,大都市区化,即以区域中心城镇为中心,形成分工明确、综合发展的大都市圈,成为城镇化发展的主导趋势。

不同的城镇化区域,其不同动力机制在不同区域所发挥的作用也存在较大的差异。综合各学者的研究以及上文所论述的城镇化的四个动力机制,本书试图从与四个动力机制相对应的市场化程度、产业发展、比较利益和开放水平四个动力因子入手来解释城镇化区域差异产生的原因和各个动力机制对城镇化区域差异的影响大小。市场化程度动力因子,即对城镇化的发生与发展做出影响的微观主体——市场的作用,对城镇化的助推作用。产业发展动力因子,即产业发展及产业结构升级等对城镇化发展的助推作用。比较利益动力因子,即城乡居民在收入、医疗卫生、教育、文化娱乐、交通通信、享受的机会、地位与尊严、个人价值实现等各方面的比较利益驱动对城镇化的推拉作用。开放水平动力因子,即一个地区参与国际贸易或参与国际分工的程度,国际间贸易往来和经济交流可以在更广阔的空间内实现产品交换、产业发展、资本和劳务输出、技术引进等,实现区域资源的优化配置,从而可以加快当地的城镇化进程。

(一)动力机制衡量指标的选取

市场化程度衡量指标,本研究选用樊纲、王小鲁在《中国市场化指数报告》中的市场化指数（变量名：marketindex）来表示。世界发达国家的经验以及中国市场化的进程都表明，市场经济越发达、市场化程度越高的地区，企业、居民、个体等微观主体的表现更为活跃，价格体制更为完善，因而经济越发达，城镇化程度也相对较高。

产业发展衡量指标，用二三产业增加值之和占 GDP 的比重（变量名：industry）来表示。城镇化是随着生产力的发展以及工业化的出现而逐步发展的，第二产业尤其是工业的发展，在一定程度上决定了当地的城镇化水平。随着经济发展的日益成熟，第三产业比第一、第二产业显示出更大的优势，其服务功能的完善和服务条件的优越都强化了城镇的吸纳能力，并逐步演化为城镇化发展的后续动力。

比较利益衡量指标，用城乡收入比（变量名：incomeratio）来表示。城乡收入差距越大，说明城镇较之农村越发达，农村较之城镇越落后，城镇在医疗、卫生、教育、交通等基础设施条件越完善，社会保障体系等公共服务水平越高，城镇相对农村表现出来的比较利益驱动越明显，城乡二元结构越复杂，从而对城镇化的均衡发展越不利。

开放水平衡量指标，用外贸依存度即进出口总额占当地生产总值的百分比（变量名：trade）来表示。一个地区的对外经济活动越频繁，与其他地区的贸易环境越成熟，城市与城市之间的交流越丰富，对城镇化越能产生正的作用力，从而有力推进当地的城镇化进程。

（二）动力机制对城镇化区域分异影响的模型设定

1. 单个变量与城镇化率（U）之间的简单线性关系

根据上述指标，本部分对单个变量与因变量之间的关系进行了考察，以便从所选指标与城镇化之间是否具有相关性及相关程度的大小等方面对所选指标的合理性作直观的判断。结果如图 2-7 所示：

可以看出，市场化指数（marketindex）、产业发展（industry）和外贸依存度（trade）与城镇化率 U 正相关；城乡收入比（incomeratio）与城镇化率 U 负相关。由此可初步判断，四个变量基本上都与城镇化率有不同程度的线性相关关系，可以为模型的设定提供一定依据。

2. 多元回归方程的设定

本文所采用的 2005—2012 年 8 个年度 31 个地区的横截面数据绝大部

(a) 城镇化率与市场化指数

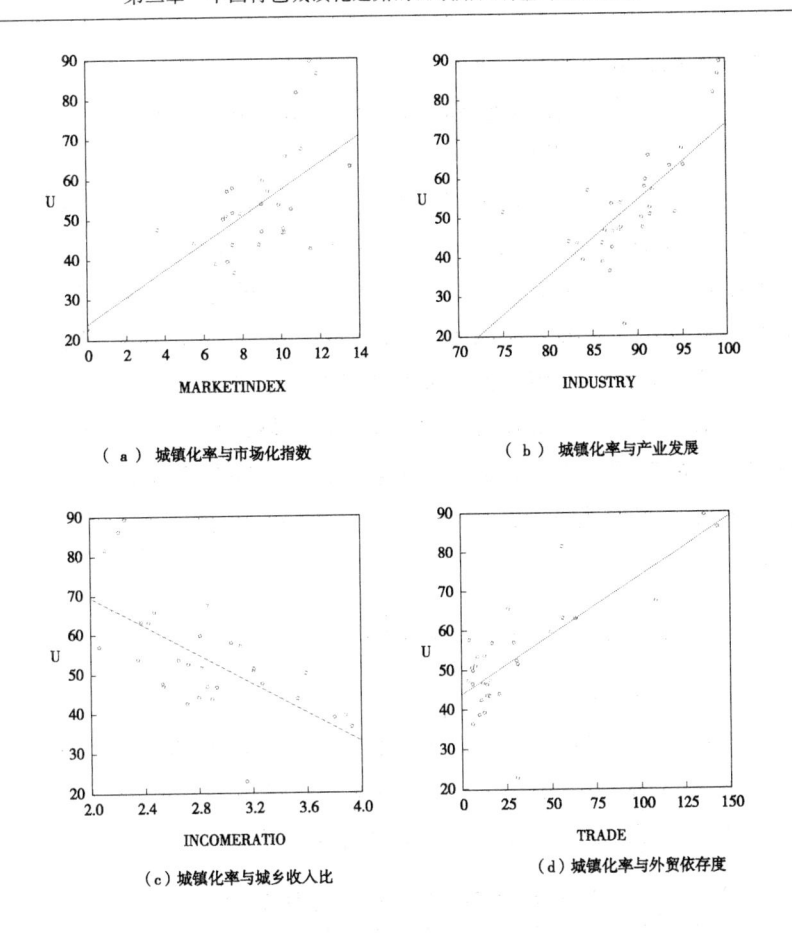

(b) 城镇化率与产业发展

(c) 城镇化率与城乡收入比

(d) 城镇化率与外贸依存度

图 2-7　单个变量与因变量之间的散点图（以 2012 年为例）

分来自国家统计局网站①。其中，考虑到数据的完整性和代表性，市场化程度衡量指标选取樊纲、王小鲁等在《中国市场化指数报告》② 中测算得出的市场化指数数据；同时由于该数据目前只更新到 2009 年，故 2010 年、2011 年、2012 年三个年份的数据，通过时间序列的趋势外推分析得到③。

---

① 因城镇化率自 2005 年以来的统计口径发生变化，即城镇化率等于城镇人口占总人口的比重，而之前多是用常住人口占总人口比重来表示城镇化率，基于统计口径的差异，故本研究只选取了 2005 年以来的数据进行分析，以提高本报告的科学性和严谨性。

② 樊纲、王小鲁、朱恒鹏：《中国市场化指数——各地区市场化相对进程 2011 年报告》，经济科学出版社 2011 年版。

③ 运用多项式趋势外推模型对 1997 至 2009 年的市场化指数数据进行时间序列的趋势外推分析预测。

现建立模型如下：

$$U_i = \beta_0 + \beta_1 marketindex_i + \beta_2 industry_i + \beta_3 incomeratio_i + \beta_4 trade_i + \varepsilon_i \quad （式2-1）$$

在式 2-1 中，i 代表省份，U_i 代表各地区各年的城镇化水平。$marketindex_i$ 表示市场化指数，衡量市场化程度对城镇化区域差异的影响；$industry_i$ 表示二三产业增加值占其当年生产总值的比重，衡量产业发展和产业结构对城镇化区域差异的影响；$incomeratio_i$ 表示城乡收入比，衡量城乡之间的比较利益对城镇化区域差异的影响；$trade_i$ 表示进出口总额占区域生产总值的比重，衡量开放程度对城镇化区域差异的影响；ε_i 代表随机误差项，因影响城镇化发展水平的因素有很多，在此不可能一一详尽放入模型，本文主要从动力机制的视角建立模型，其他因素归类为随机误差项。

（三）中国城镇化区域差异影响因素的实证

1. 总体回归结果

式 2-1 的回归结果如表 2-9 所示，从 R-squared 的值（均在 0.8 上下）可以看出，8 个年度的模型拟合效果都较好，且方程的联合显著性检验（F 检验）表现得很显著，说明模型整体回归效果良好。

表 2-9　　　　2005—2012 年对（式 2-1）的回归结果统计

年份　变量	2005 系数	t 值	2006 系数	t 值
MARKETINDEX	-1.883569	-1.675278	0.130989	0.115337
INDUSTYR	0.489959	2.064887	0.539742	1.967485
INCOMERATIO	-10.85965	-4.506483	-7.700703	-3.051863
TRADE	0.210930	1.749874	0.164464	3.546837
R-squared	0.865239		0.836301	
F-statistic	41.73361		33.20703	

年份　变量	2007 系数	t 值	2008 系数	t 值
MARKETINDEX	-1.144906	-0.994750	0.088171	0.098405
INDUSTYR	0.506669	1.958172	0.547546	2.114674
INCOMERATIO	-10.47677	-4.170991	-9.420364	-3.381245

续表

年份 变量	2007		2008	
	系数	t 值	系数	t 值
TRADE	0.191191	4.118226	0.161471	3.927782
R-squared	0.857853		0.844441	
F-statistic	39.22730		35.28467	

年份 变量	2009		2010	
	系数	t 值	系数	t 值
MARKETINDEX	0.142711	0.183783	0.468631	0.694393
INDUSTYR	0.678803	2.469778	0.777475	2.793220
INCOMERATIO	-9.264896	-3.356476	-8.550198	-3.029849
TRADE	0.185999	3.492767	0.160135	3.732753
R-squared	0.837770		0.847560	
F-statistic	33.56652		36.13959	

年份 变量	2011		2012	
	系数	t 值	系数	t 值
MARKETINDEX	0.825348	1.376712	1.067106	1.858135
INDUSTYR	0.724907	2.510449	0.763063	2.386336
INCOMERATIO	-7.490825	-2.615357	-7.165165	-2.329236
TRADE	0.156994	3.722407	0.146387	3.086375
R-squared	0.830176		0.796734	
F-statistic	31.77495		25.47784	

从回归系数和 t 值可以看出，市场化指数对城镇化的影响在大多数年份都是不显著的，而且正负效应不确定；而二三产业增加值占地区生产总值的比重、城乡收入比和进出口总额占地区生产总值的比重三个指标对城镇化的影响都较显著，其中城乡收入比是负效应影响变量。

2. 变量影响趋势变化

各个变量在 8 个连续年度中对因变量影响的趋势如图 2-8 所示。(a) 图显示，市场化指数（marketindex）变量对城镇化率的影响一开始为负且波动较大，自 2007 年以后影响效果为正并逐渐加强，增长较为明显，到 2012 年影响效果超过 1；（b）图显示产业发展（industry）对城镇化率的影响为正且较为稳定，影响效果表现出不明显的增长趋势，二三产业发展的整体效果约为 0.6351；（c）图显示城乡收入比（incomeratio）对城镇化率的影响效应为负，影响效果从 2005 年到 2012 年减弱约 3.6945，相对其他变量变化较明显，但相对于其自身对城镇化率较大的影响力度（系数平均为 -8.9985 左右）而言，效果变化不大；（d）图显示外贸依存度（trade）变量对城镇化率的影响效应为正，约为 0.1726，且变化较小，约为 0.0645。

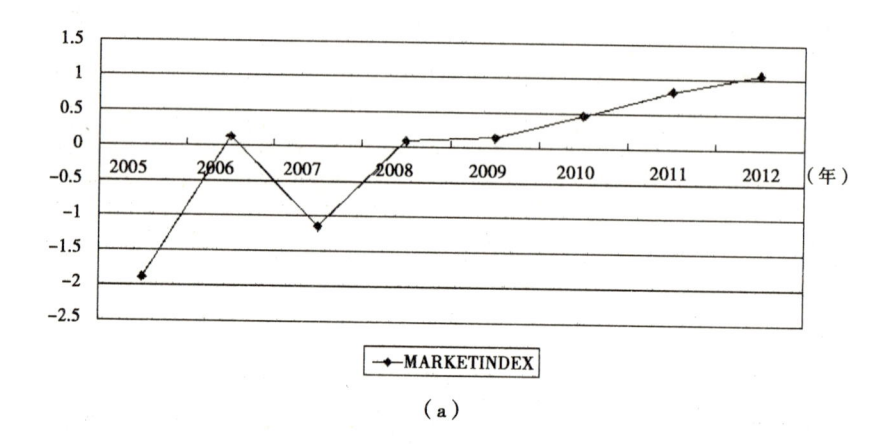

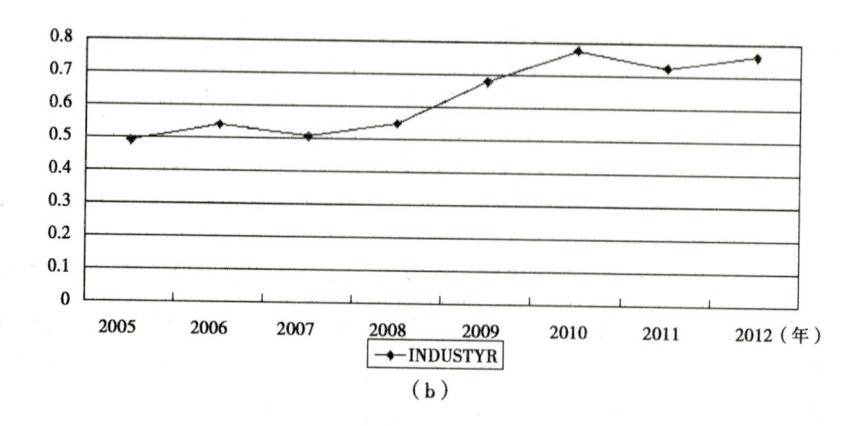

（a）

（b）

(图表 c: INCOMERATIO,2005—2012)

(c)

(图表 d: TRADE,2005—2012)

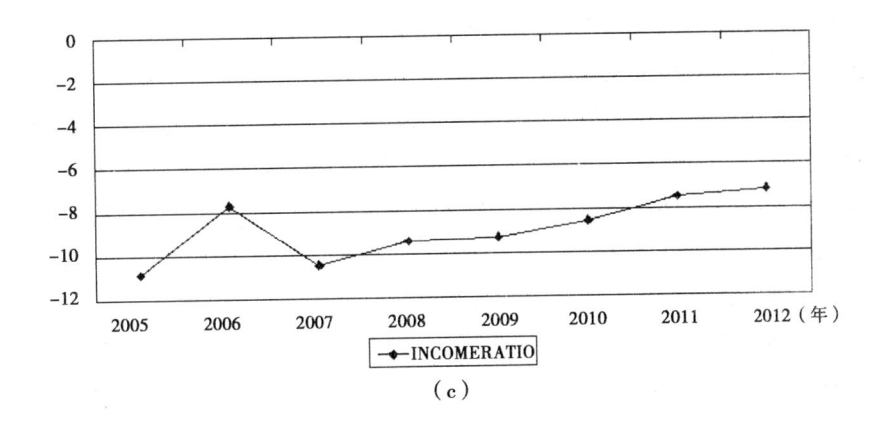

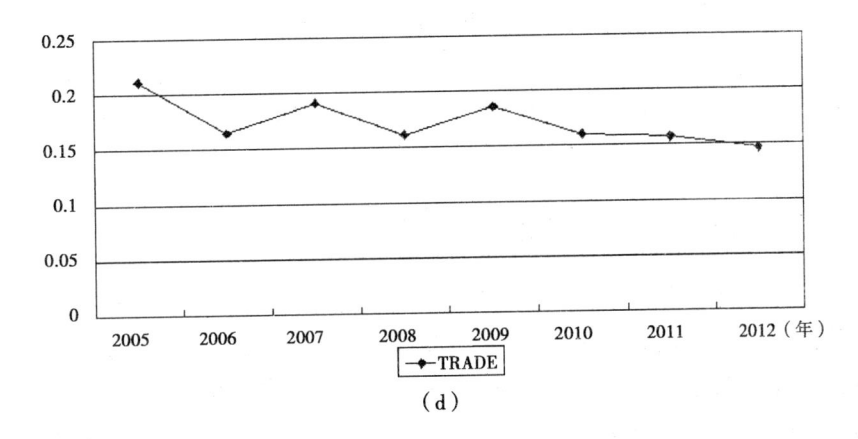

(d)

图 2-8 各效应变量对因变量影响效果的变化（2005—2012 年）

从动力机制角度对我国城镇化区域分异的定量进行分析，可以得出如下结论：(1) 市场化程度动力因子对城镇化的影响在多元回归模型中影响方向在多数年份为正，并不显著但效果呈现明显的加强趋势。这可能是由于我国市场经济起步较晚，市场的作用不发达、不完善，长期的行政性资源配置导致了市场的弱势地位，但近些年来我国市场化的力度不断加大，市场化进程对城镇化作用的带动作用也越来越明显。(2) 产业发展动力因子对城镇化的影响较为显著，且系数表明，二三产业增加值占地区生产总值的比重每提高 1 个百分点，城镇化率就相应提高约 0.6 个百分点。关于产业发展指标对城镇化率表现出的逐渐降低的作用，可能是由于近年来全国各地二三产业比重基数较大，提升空间有限，因而对城镇化的拉动作用并没有表现出强劲的势头。(3) 比较利益动力机制对城镇化有极为显著的负效应,城乡收入比提高1个单位,城镇化率就降低约9.0个百分点。这说明城乡二元结构的长期存在、农村经济的落后和城乡居民收入差距的不断扩大使城镇表现出巨大的比较利益,已成为城乡城镇化协调发展的一大阻力。(4) 开放水平动力机制对城镇化的区域差异也有较为显著的影响。东部沿海地区具有明显的区位优势和国家改革开放政策的支持,对外开放程度较高,带动了更多的农村人口转变为城市人口,城镇化水平也较高;而中西部地区对外开放水平相对较低。

本部分从动力机制的视角,选取了四个主要动力因子对城镇化的区域差异影响因素进行了分析。四个动力因子均对城镇化水平有一定影响,区域城镇化应综合利用加快市场化进程、优化产业结构、缩小城乡差距和提高对外开放水平等多方面手段,制定适合自身发展的区域城镇化政策,以加快自身城镇化进程、缩小区域城镇化差距、促进区域协调发展。对于合理有序、公平协调推进我国城镇化发展的具体政策,将在第四章详细论述。

(四) 三类不同区域城镇化发展的动力机制归纳

以上部分探讨了我国城镇化发展的动力系统的形成,它是一类、二类、三类城镇化地区动力机制形成的一般理论模式。为契合本研究的目的,本报告将我国城镇化的动力机制系统——包括一般机制和特殊因素融合在一起,以期对不同城镇化区域提出一种更为实际和因地制宜的动力机制体系。针对三类不同的城镇化区域,其不同动力机制在不同区域发挥的作用也存在着相当大的差异。综合以上分析,结合我国城镇化发展中动力机制的具体情况,可以对一、二、三类地区的城镇化的动力机制对比如下:

表2-10　　　　　不同地区城镇化动力机制的对比

机制 类型	市场化程度机制	产业发展机制	比较利益机制	对外开放机制
一类地区	市场与企业为主	第二、三产业主导,尤其是第三产业的发展	城镇比较利益驱动极其明显	外贸频繁,外资利用度高
二类地区	政府与市场结合	传统工业为主导,第三产业慢慢起步	城镇比较利益驱动一般	开放水平不高
三类地区	市场化程度较弱,政府力量较大	第一产业仍占据重要地位,依赖传统工业	城镇比较利益驱动不明显	开放水平低

第三章 我国城镇化质量的区域测度及评价

时至今日，人们已经普遍认识到我国城镇化的发展仅仅重视人口城镇化的数量水平是远远不够的，城镇化的数量水平并不能完整地体现出一个地区城镇发展的经济、社会、生活、环境等方面，因此也不能真正反映一个地区发展的优势和潜力。而城镇化的质量水平则能够在很大程度上弥补数量水平在反映地区发展水平方面的不足，城镇化质量的内涵和外延要比数量水平丰富许多，并且质量水平本身也包含了数量水平的方面；此外，质量水平也尽可能多地涵盖了城镇发展的各个方面，能够较好地体现新型城镇化建设的核心意义以及内在要求。因此，通过城镇化的质量水平来衡量我国各地区的城镇化发展状况，就显得更为适合。

众所周知，城镇化质量是一个内涵丰富的概念，涵盖了经济、社会、生活、环境、城市发展等各个方面，包含了经济社会发展的众多要素，研究和评价城镇化发展的质量，需要建立一个内容全面、结构合理、层次分明、逻辑性强，符合中国国情，科学合理的城镇化质量评价指标体系模型。

关于我国城镇化质量的内涵与外延问题，不同学科领域的众多学者在具体的研究中给出了不同的观点。陈鸿彬（2001）将提高城市化的质量水平归结为四个方面：一是经济的发展和人均收入的提高，其中经济的发展又包括了经济结构、经济效益和经济发展速度三个方面；二是高新产业的发展和科技水平的提高；三是社会的全面进步和人口素质的提升；四是生活质量的提高和居住环境的优化等。靳刘蕊（2003）认为城市化的质量内涵包括四个方面的内容：一是关于城市化进程中人的生存和生活质量状况；二是关于推进城市化发展的"动力强度"；三是体现城市化发展的内在机理以及各方面发展的协调性；四是城市化发展过程中的协调性，即不能以牺牲农村为代价来加快城市化进程。牛文元（2003）和刘天宝（2010）认为，城市化质量表现为三大方面：一是动力特征，也即其发展度、竞争力、创新力以及可持续性；二是公平表征，是指城市发展的共同富裕程度以及城乡差异的克服程度；三是城市发展的协调度，包括城市文明、居民生活、环境生态等方面的协调。刘素冬（2006）认为，城市化质量的具体含义包括城市化水平和城市水平的同时提高、城市中各个要素的协调发展、城乡协调水平的提高。王忠诚（2008）指出，城市化的实质是传统农业社会向先进的城市社会转变的过程，人在这个过程中起着核心作用，这一过程既包括城镇人口比重的上升，也包括经济现代化、基础设施现代化、人的现代化以及城乡一体化等方面城市化质量的提高。余晖（2010）认为城市化的"质"是指在城市化进程中城市化率和各个要素协调发展的问题，城市化质量的基本内涵可以从三个角度来考量：经济发展质量、城市功能发展质量和社会和谐发展质量，其中城市功能发展质量着重强调了人的生活质量和基础设施建设。王德利（2010）认为城市化发展质量的含义可以通过三个维度来表达：一是城市的基础实力，即经济、社会、环境、设施等城市形态方面的发展程度；二是城市化发展的协调性，包括城市化过程中经济、社会、环境等的协调以及城乡协调发展等方面；三是城市化发展的可持续能力。李明秋、郎学斌（2010）认为，所谓城市化质量，就是要不断提高城市建设投入要素的利用效率，稳步提升城市化水平，逐步改善城市环境和基础设施，提高城市居民的生活水平，增强城市的经济实力、综合实力以及对外辐射能力，并最终实现城乡一体化的目标。在此基础上，他们将城市化含义分为城市自身的发展质量、城市化推进的效率、城乡一体化的实现程度三方面内容。

以上学者分别给出了各自对城镇化质量内涵的见解，通过总结我们不难发现，虽然各个学者在对城镇化质量的内涵进行界定时往往采用了不同的分类标准并各有侧重点，但事实上多数学者对城镇化质量内涵的认识是大同小异的，对我国城镇化质量内涵的把握基本包含着经济发展、社会和谐、人的发展、生态友好、设施建设以及城乡协调发展等方面。上述学者由于研究侧重点的不同，有的忽略了质量内涵中的一些方面，如陈鸿彬的分类中未考虑到生态环境的问题，有的则是把城市化的质量内涵界定在城市本身，如余晖的研究等，这并不符合我国城镇化建设的初衷。

由于对城镇化质量内涵的认识不一，加之随着我国经济社会的发展人们认识的改变，众多学者对我国城镇化质量指标体系的构建，也呈现出百家争鸣的景象。回顾以往众多学者对城镇化质量的测度研究，主要是从以下方面来建立指标体系：经济发展、城市发展、居民生活、人的发展、城乡统筹、区域协调、环境保护等。李明秋、郎学彬（2010）在把握城镇化质量内涵的基础上建立了一套详细的城镇化质量指标体系，目标层分为城市发展质量、城市化效率和城乡一体化实现程度，详细的指标层共包含了经济、社会、生态、城市建设、居民生活、教育发展等28个指标，这是对城镇化质量测度比较详细的体系，但是考虑到具体地区具体指标数据的可获得性，本指标体系虽然详细，但是可借鉴性不强。陈明、张云峰（2013）在《城镇化发展质量的评价指标体系研究》一文中，对城镇化质量评价指标的选用情况进行了研究，结果表明城市化率、人均GDP、第三产业比重以及一些具体的城市建设指标的选用率是很高的，可见多数学者在对城镇化质量进行评价时，对经济发展和城建质量指标的重视程度比较高。叶裕民（2001）在《中国城市化质量研究》的文章中将衡量城市现代化的指标体系划分为三大类十二个指标，从经济现代化、基础设施现代化、人的现代化三大方面进行研究，这样的指标分类其实并未逃出前面提到的指标体系的范畴，只是用了不同的命名方式。王忠诚（2008）在对我国直辖市城市化质量测度时把城乡一体化的指标分离出来，以强调其重要性。

不难发现，虽然众多学者在对城镇化质量进行评价的时候，尝试着从不同的角度进行解说，但他们在具体指标的选取方面却往往是大同小异的，基本遵循着从经济发展、社会发展、城市建设、环境保护、城乡协调等方面的水平，详细指标包括人均GDP，财政收支情况，教科文卫发展情况，城市人均各种资源，基础设施建设情况，废水、废气、固体废物的处理和排放情况，城乡收入差异，城乡消费对比，城乡公共服务以及设施对比，等等。这些指标基本上可以反映出城镇化质量的发展情况。本部分将参照众多学者的研究，并根据研究的需要以及指标体系的建立原则，构建出一套新的城镇化质量评价指标体系，来对我国各地区的城镇化质量水平进行测度。

一 城镇化质量测度评价体系的建立

（一）城镇化质量评价体系的特点和建立原则

1. 指标体系和数学模型是评价城镇化质量的基础和关键

数学模型是对复杂经济问题进行分析和研究的有效工具，指标体系是评价和比较研究对象的性质与形态等的重要标准和尺度。对现代经济问题研究的一个难点就在于其包含了复杂的经济要素，为了准确地认识与把握这些复杂的经济要素，就有必要把定性分析辅之以必要的定量分析。对城镇化质量的评价也正是如此，在对城镇化质量进行研究时，建立一个科学而又合理的评价指标体系，运用数学模型和统计模型对城镇化发展质量进行客观准确的评价，是一个十分重要又必需的程序。

2. 城镇化质量的组成要素和特点

城镇化质量是一个综合性的经济概念，涉及层次多、覆盖面广。城镇化质量包含了一个地区经济发展、社会建设、城镇建设、居民生活的诸多方面，体现了地区经济社会发展中的许多重要方面。城镇化质量评价指标体系的建立应该合理选定不同构成要素的代表性指标，形成条理分明、结构完整的评价指标体系，使构成城镇化质量的诸多要素都能得到充分体现。

城镇化质量是一个立体化、动态性的概念。城镇化质量作为地区经济社会发展的一种重要体现形式，其存在和表现形式必然是立体性和多样化的，需要从多个方面来反映和评价。城镇化质量也是一个随着经济发展不断变化发展的概念。对其的研究和评价不但要看到显性的因素，也要看到一些潜在的因素；不但要看到当前的发展水平，而且要能够预测未来发展中的优势和问题，这构成了指标体系的动态性特点。

3. 建立城镇化质量指标体系的重要原则

考虑到城镇化质量的丰富内涵和显著特点，在建立城镇化质量评价体系的过程中必须注意把握以下几个重要原则。

（1）科学性原则。所谓科学性，简而言之就是研究的学科对象要具有客观性、逻辑性、规律性，要具有严谨理论的支撑并可以被检验。城镇化质量评价体系的构建，要能准确地反映出地区城镇化质量的构成要素、发展情况等多方面内容，能够揭示城镇化质量的本质特征和内在规律，既能够全面覆盖、层次合理，又能够经得起历史和事实的检验。

（2）客观性原则。所谓客观性的原则，是指所要建立的指标体系必须符合城镇化发展质量的规律，能真正反映出地区城镇化质量状况。在进行指标数据的搜集与处理时，要尽可能采用直接查得的数据，而少用间接量化数据和含有主观推断因素的数据，所选用的数据要有明确的来源，最好来自于历年国家统计年鉴和各省份统计年鉴，以及其他比较权威的统计年鉴和其他资料等，以增强所使用数据的可靠性。

（3）系统性原则。所谓系统性，是指指标体系的构成，是由一系列相互联系、相互影响、相互作用、不可或缺的城镇化质量指标组成的有机整体。整个系统既有多样性，层次明确，各组成部分具有相对的独立特点；又具有完整性，内在逻辑严密，各组成部分彼此依存，不可或缺。城镇化质量评价体系的构建，必须充分体现这一系统的完整性。

（4）可行性原则。所谓可行性，是指所建立的城镇化质量评价指标体系必须便于操作、切实可行。城镇化质量的构成涉及面比较广，通常需要一个庞大的指标体系来支撑，但受现行统计体系的限制，难以找到比较全面的数据，而通过指标代替或者间接量化指标的方法，又容易导致较大的误差，影响评价结论的准确性和客观性。因此，在能够保证体系准确性的基础上，指标体系的建立要尽可能地做到简单扼要、切实可行。

（5）可比性原则。所谓可比性，是指所要建立的指标体系必须能够对不同地区的城镇化质量水平进行客观评价和相互比较。因为一个地区的城镇化质量只同自己的过去相比是不全面的，要通过与其他地区的横向比较，来获得自身发展的程度和存在的问题。由于指标体系需要不同类型的统计数据来进行多方面的衡量，所以需要对不同类型的指标进行转化处理，使之具有统一性和可比性。

（二）城镇化质量评价指标体系的设定

根据上述城镇化质量指标体系的特点和构建的原则，结合众多学者对城镇化质量评价体系构建的经验以及本部分的研究目的和要求，本部分尝试着构建一套新的适合我国国情的城镇化质量评价指标体系，具体包含了五个一级指标和二十个具体指标，以构成城镇化质量的主要方面和主体框架（参见表3-1）。需要指出的是，本部分所构建的指标体系采用了农村发展类指标而不是以往众多学者所采用的城乡协调指标。这是因为城乡协调指标虽然能够在较大程度上反映出地区城乡经济社会发展的协调程度，却难以比较不同地区农村发展水平的高低，而农村经济社会发展的程度高低对一个地区的城镇化建设意义重大，农村发展水平高的地区显然更易于实现农业人口向非农业人口的转移，从而更容易实现城镇化。因此，本研究主要选用了农村发展的指标以强调城镇化发展不仅仅是城镇本身的发展，也包括农村地区的发展水平。本书所选用的指标主要有：

表 3–1　　　　　　　　　城镇化质量评价指标体系

类别	指标	单位	类型
经济水平	X1 人均 GDP	元	+
	X2 非农产业比重	%	+
	X3 城镇化率	%	+
	X4 城镇单位就业人员平均工资水平	元	+
社会质量	X5 互联网普及率	%	+
	X6 万人研究与 R&D 全时量	人·年	+
	X7 地方普通高中师生人数对比	—	—
	X8 人均图书馆藏量	册	+
生态环境	X9 万元 GDP 用水量	吨	—
	X10 万元 GDP 能耗	吨标准煤	—
	X11 固体废物综合利用率	%	+
	X12 亿元 GDP 废气排放量	吨	+
城市设施	X13 城市用水普及率	%	+
	X14 城市燃气普及率	%	+
	X15 万人交通工具数量	台	+
	X16 建成区绿化覆盖率	%	+
农村发展	X17 农村人均纯收入	元	+
	X18 农村居民消费水平	元	+
	X19 农村文教娱乐消费占比	%	+
	X20 农村千人卫生人员数	人	+

经济水平指标：地区经济发展的水平无疑是城镇化发展程度的重要体现，有研究表明，地区的经济发展水平与城镇化水平具有很高的相关性，因此，经济实力应当成为衡量地区城镇化质量的重要构成要素。经济水平指标下属的四个二级指标分别是：人均地区生产总值（人均 GDP）、非农产业比重、城镇化率、城镇单位就业人员平均工资。人均 GDP 是反映一个地区经济发展水平的代表性指标，体现了地区经济发展的实力；非农产业产值的比重，也即二三产业产值占地区 GDP 的比重，是体现一个地区经济非农化的重要标志，由于我国并未达到一些西方发达国家第三产业发展水平很高的地步，所以在此采用的是二三产业的比重之和；城镇化率反映的是一个地区的人口城镇化程度，也体现出地区经济发展的水平；城镇

单位就业人员平均工资水平直接和就业人员的收入水平相关，也是反映一个地区城镇经济水平的重要标志。

社会质量指标：社会发展质量指标是反映整个社会在科技、教育、文化等方面的发展程度，也是体现城镇化建设水平的一个重要考量标准。本部分选取了社会发展中的万人互联网用户数、万人研究与试验发展（R&D）全时当量、人均图书馆藏量、高中师生人数对比，这几个指标在反映地区社会发展情况方面具有较强的典型性和代表性。万人互联网用户数反映了地区互联网的普及程度，当今社会互联网和电话是人们进行通信联系的重要方式，而考虑到当前我国各地区的电话普及率，特别是移动电话的普及率已经普遍较高，所以在此选用互联网的普及率更具有代表性。万人中R&D全时当量是指地区每万人中从事研究与试验发展的人员数量与时间数，体现出一个地区科技发展的活跃程度。人均图书馆藏量反映了一个地区图书馆的建设情况，在现代社会读书应当成为一种城市的精神，读书也是反映一个地区文化程度的重要标志。地方普通高中师生人数对比是反映地区教育水平的重要指标，高中阶段相对于初中阶段是素质教育与义务教育的脱离，是更高一级教育水平的体现，同时也是向社会输送高等教育人才的重要阶段，具有承上启下的意义，因此本部分选取了高中学生人数与教师人数的对比结果作为衡量地区教育水平的指标。具体的，指标对应的数值为高中学生人数与教师人数的比值，所以本指标属于逆向指标。

生态环境指标：根据和谐社会建设和新型城镇化建设的要求，生态环境的友好发展已经不容置疑地和经济社会的发展紧密联系起来，城镇化要想快速健康发展也离不开生态环境的协调。生态和谐方面本部分从资源节约和污染减少方面确定了四个指标，分别是万元GDP能耗、万元GDP用水量、亿元GDP废气排放量和固体废物综合利用率。其中万元GDP能耗反映了经济发展中对能源的使用效率，万元GDP用水量反映了地区经济发展中使用水和节约水的情况，上述两指标均是逆向指标，考虑到当前我国各种资源的相对缺乏，这两个指标的重要性是毋庸置疑的。亿元GDP废气排放情况是通过地区废气排放量和地区生产总值折算而得到的数据，这里的废气综合了大气中的二氧化硫量、烟尘量和粉尘量而得到，折算结果基本能体现出地区经济发展与大气中污染物排放的关系，该指标也是逆向指标。固体废物综合利用率是工业固体废物和危险固体废物的产生量合计与二者的综合利用量合计求比值而得到，反映了地区固体废物的处理效率，该指标为正向指标。

城建设施指标：城镇化建设的一个重要方面就是城市的发展质量，而城市发展质量的重要体现就是城市设施建设的能力；因此，地区城市建设水平也是体现地区城镇化质量的重要方面。本部分在描述城建功能指标时选用了城市用水普及率、城市燃气普及率、万人拥有公共交通工具数量以及建成区绿化覆盖率等指标。城市用水和燃气普及率是反映城市居民生活便利程度的重要体现。公共交通车辆的数量既能够体现城市人们出行的便利情况，也能够体现城市的交通通达性和环境友好性。建成区绿化覆盖率的高低直接关系着城区的空气质量程度、降噪程度、吸附灰尘程度等，所以是体现城市环境质量的重要标准。

农村发展指标：农村发展指标显然是为了体现农村人们经济水平和生活质量的。本部分选取了农村发展中的农村人均纯收入和农村居民的人均消费水平以反映各地区农村的经济水平，农村千人卫生技术人员数反映农村的医疗普及程度，农村人均消费中文化娱乐消费支出所占的比重来反映各地区农村人们生活的活跃性和娱乐度。

指标体系确定之后，还需选择恰当的评价方法。德尔菲法、层次分析法、模糊综合评价法等目前常用的综合评价方法中，大多是需要专家评价或判定，使得评价的工作量加大，且结果易受主观因素的影响。因此，为使评价的结果尽可能做到客观，简化评价工作，克服专家评定的缺点，本部分选择主成分分析方法中的因子分析法来进行城镇化质量的现状分析。具体地，本部分将通过 SPSS 18.0 统计分析软件，主要运用因子分析法、聚类分析法来对我国各地区的城镇化质量进行测度。

二　城镇化质量测算过程

（一）数据的来源与处理

在建立指标体系的基础上，本部分运用因子分析法对我国各省、市、自治区的城镇化质量进行测度。

根据表 3-1 所列举的指标，本部分选取了全国各省、市、自治区（不含港澳台）2012 年对应的数据，其中大部分的数据都来自于 2013 年

《中国统计年鉴》，少数指标数据是根据统计年鉴上面的相关指标进行核算得到，如亿元 GDP 废气排放情况是由地区排放废气中二氧化硫和烟尘、粉尘量的求和与地区生产总值求比值得到，固体废物综合利用率是由地区一般工业废弃物综合利用量与产生量求比值得到，农村文教娱乐消费比重指标是农村居民家庭平均每人消费支出中的文教娱乐支出与人均消费支出总数的比值得到。由于万元 GDP 能耗的指标值年鉴上尚未公布，所以在此用各地区 2011 年对应的数据取代，同时由于西藏自治区该指标数值欠缺，故用全国平均水平的值赋值西藏自治区。

本部分选取的指标数据，全部以全国对应指标的数据为评价标准值进行指数化，并分别得出了各地区各个指标的水平测度值。指数化的方法大概介绍如下：

指数化变换方法是将评价指标值与相对应的评价标准值进行对比，计算出指数，从而实现无量纲化。若监测指标值为 X_i 而相对应的监测标准值为 X_{i0}，则指数化变换公式可写成：

$$z_i = \begin{cases} \dfrac{x_i}{x_{io}} * 100 \cdots (\text{正指标}) \\ \dfrac{x_{io}}{x_i} * 100 \cdots (\text{逆指标}) \end{cases}$$

指数化变换方法的关键是选择一个比较基数 X_{i0}，本部分的比较基数统一选取 2012 年全国平均水平的对应指标值。公式中的正指标就是随着时间的向前推进数值具有递增趋势的指标，如人均 GDP 等。反之，逆指标则是随着时间的推进数值具有递减趋势的指标，如万元 GDP 能耗量等。本部分分析中的逆指标共有四个，分别是高中师生人数对比（注：教师数为 1 时对应的学生数量）、万元 GDP 能耗量、万元 GDP 用水量、亿元 GDP 废气排放量，其他均为正指标。通过上述指数化变换，既可消除评价指标计量单位的影响，又可得到统一的数量级。

由于本部分研究的目的是评价全国及各省区城镇化的实现程度，了解各地区的城镇化质量处于什么样的水平；因此，只需选取一定的评价标准值将所有的评价指标值进行指数化，就能达到目的，也即指数化的处理方法在此是适当的。

通过观察，本部分的数据标准化后数字基本平稳，避免了个别评价指标值超常而影响到综合值的计算。

(二) 因子分析过程

因子分析是降维方法中应用较多的一种方法,其基本思想是通过分析变量相关系数矩阵的内部结构,找到少数几个能够控制所有变量尽可能多的信息的主要变量 F_i (i=1, 2…m),然后建立起矩阵模型 $X = A \cdot F + e$,忽略 e,并以 F 代替 X (m≤p),通过提取后的几个主要因子来再现原始变量 X 的众多分量 Xi (i=1, 2…p) 之间的相关关系,从而达到简化变量、降低维数的目的。

1. 因子分析的适用性检验。图 3-1 给出了 KMO 和 Bartlett 的检验结果,其中 KMO 值越接近 1 表示越适合做因子分析,本部分的 KMO 值为 0.787,表示适合做因子分析。Bartlett 球形度检验的原假设为相关系数矩阵为单位阵,Sig. 值为 0.000 小于显著性水平 0.05,因此拒绝原假设,说明变量之间存在相关关系,适合作因子分析。

取样足够度的 Kaiser-Olkin 度量	0.787
Bartlett 的球形度检验 近似卡方	777.251
df	190
Sig.	0.000

图 3-1 KMO 和 Bartlett 检验结果

2. 变量的共同度结果。表 3-2 给出了提取公共因子前后各变量的共同度,根据其统计意义,变量共同度刻画的是全部公共因子对于变量 Xi 的总方差所做的贡献,它反映了全部公共因子解释原变量信息的百分比,变量的共同度越接近于 "1",就说明变量转化的信息保留效果越好。在此,提取公共因子之后,变量 X1 和 X2 的共同度分别为 0.890 和 0.655,说明提取的公共因子对变量 X1 和 X2 的方差分别做出了 89.0% 和 65.5% 的贡献。整体来看,本部分各个变量的共同度都比较接近 "1",说明了转化后对原有变量的信息保留比较多,也即因子分析的效果较好。表 3-2 的注释交代了提取方法是主成分分析法。

表 3-2　　　　　　　　　变量共同度表

变量	初始	提取
X1 人均 GDP	1.000	0.890

续表

变量	初始	提取
X2 非农产业比重	1.000	0.655
X3 城镇化率	1.000	0.927
X4 城镇单位就业人员平均工资水平	1.000	0.916
X5 互联网普及率	1.000	0.818
X6 万人研究与 R&D 全时量	1.000	0.950
X7 地方普通高中师生人数对比	1.000	0.842
X8 人均图书馆藏量	1.000	0.894
X9 万元 GDP 用水量	1.000	0.792
X10 万元 GDP 能耗	1.000	0.942
X11 固体废物综合利用率	1.000	0.687
X12 亿元 GDP 废气排放量	1.000	0.847
X13 城市用水普及率	1.000	0.843
X14 城市燃气普及率	1.000	0.896
X15 万人交通工具数量	1.000	0.769
X16 建成区绿化覆盖率	1.000	0.646
X17 农村人均纯收入	1.000	0.954
X18 农村居民消费水平	1.000	0.958
X19 农村文教娱乐消费占比	1.000	0.578
X20 农村千人卫生人员数	1.000	0.813

提取方法：主成分分析法。

3. 总方差分解结果。表 3-3 给出了因子贡献率的结果。表 3-3 左侧部分为初始特征值，中间为提取主因子结果，右侧为旋转后的主因子结果。因子的特征值在"合计"对应列显示，"方差的%"对应的是该因子的特征值占总特征值的百分比，"累积的%"表示累积的百分比。可以看到特征值大于 1 的是前四个因子，其特征值之和占总特征值的约 83%，因此，提取前四个因子作为主因子。

表 3-3　　　　　　　　　总方差分解表

成分	初始特征值			提取平方和载入			旋转平方和载入		
	合计	方差的%	累积的%	合计	方差的%	累积的%	合计	方差的%	累积的%
1	11.852	59.260	59.260	11.852	59.260	59.260	6.925	34.625	34.625

续表

成分	初始特征值			提取平方和载入			旋转平方和载入		
	合计	方差的%	累积的%	合计	方差的%	累积的%	合计	方差的%	累积的%
2	2.178	10.889	70.150	2.178	10.889	70.150	3.970	19.850	54.475
3	1.559	7.794	77.944	1.559	7.794	77.944	3.042	15.212	69.687
4	1.030	5.148	83.092	1.030	5.148	83.092	2.681	13.405	83.092
5	0.879	4.397	87.489						
6	0.575	2.877	90.365						
7	0.446	2.231	92.596						
8	0.348	1.739	94.335						
9	0.284	1.422	95.757						
…	……								
17	0.034	0.169	99.789						
18	0.028	0.138	99.927						
19	0.009	0.044	99.971						
20	0.006	0.029	100.000						

4. 旋转前后的因子载荷矩阵。表3-4给出了未旋转的因子载荷。

表3-4　　　　　　　　　成分矩阵

变量	成分			
	1	2	3	4
X1 人均GDP	0.936	-0.066	0.096	-0.008
X2 非农产业比重	0.754	-0.162	0.209	0.129
X3 城镇化率	0.946	0.109	0.111	-0.089
X4 城镇单位就业人员平均工资水平	0.833	-0.460	0.083	0.060
X5 互联网普及率	0.900	-0.082	0.038	-0.011
X6 万人研究与R&D全时量	0.948	-0.127	-0.088	0.166
X7 地方普通高中师生人数对比	0.808	-0.419	0.117	0.010
X8 人均图书馆藏量	0.708	-0.215	0.215	-0.549
X9 万元GDP用水量	0.763	-0.078	0.031	0.450
X10 万元GDP能耗	0.674	-0.069	-0.694	-0.053

续表

	成分			
	1	2	3	4
X11 固体废物综合利用率	0.655	0.463	0.038	-0.206
X12 亿元 GDP 废气排放量	-0.496	0.010	0.762	0.141
X13 城市用水普及率	0.582	0.683	0.192	0.018
X14 城市燃气普及率	0.593	0.727	0.122	-0.002
X15 万人交通工具数量	0.680	-0.055	0.037	0.550
X16 建成区绿化覆盖率	0.453	0.441	-0.471	0.156
X17 农村人均纯收入	0.954	-0.086	-0.104	-0.161
X18 农村居民消费水平	0.950	-0.058	0.030	-0.225
X19 农村文教娱乐消费占比	0.568	0.464	0.202	0.019
X20 农村千人卫生人员数	0.868	-0.186	0.159	-0.025

提取方法：主成分分析法。

从表3-4，提取出了四个主因子，若设 F_1、F_2、F_3 和 F_4 分别为第一、第二、第三、第四主因子，从而得出因子模型为：

$X1 = 0.936F_1 - 0.066F_2 + 0.096F_3 - 0.008F_4$

$X2 = 0.754F_1 - 0.162F_2 + 0.209F_3 + 0.129F_4$

……

$X19 = 0.568F_1 + 0.464F_2 + 0.202F_3 - 0.019F_4$

$X20 = 0.868F_1 - 0.186F_2 + 0.159F_3 - 0.025F_4$

如此，可以得到原有20个变量分别由提取出的四个因子线性组合所得到的表达式。各因子前的系数表示该因子对变量的影响程度，也称为变量在因子上的载荷。根据表3-4可知，全部20个变量在第一个因子上的载荷都较高，说明它们与第一个因子的相关程度较高，第一个因子对其解释程度也最高，第二、三、四个因子与变量的相关性则顺次递减。

因子分析中的一个显著困难就是如何对公共因子进行解释。因子载荷矩阵具有不唯一性，如果分析得到的载荷矩阵难以对因子进行合理解释，则往往尝试通过对载荷矩阵进行正交变换的方式，来得到一个解释力较好的因子载荷矩阵。

表 3-5　　　　　　　　　旋转成分矩阵

变量	成分 1	成分 2	成分 3	成分 4
X1 人均 GDP	0.733	0.370	0.411	0.216
X2 非农产业比重	0.613	0.223	0.477	0.033
X3 城镇化率	0.701	0.536	0.315	0.222
X4 城镇单位就业人员平均工资水平	0.804	-0.026	0.492	0.164
X5 互联网普及率	0.701	0.328	0.391	0.257
X6 万人研究与 R&D 全时量	0.643	0.272	0.567	0.375
X7 地方普通高中师生人数对比	0.799	0.010	0.432	0.131
X8 人均图书馆藏量	0.912	0.200	-0.134	0.061
X9 万元 GDP 用水量	0.390	0.243	0.740	0.183
X10 万元 GDP 能耗	0.360	0.086	0.206	0.873
X11 固体废物综合利用率	0.364	0.709	0.023	0.225
X12 亿元 GDP 废气排放量	-0.227	-0.051	-0.038	-0.890
X13 城市用水普及率	0.151	0.889	0.164	0.053
X14 城市燃气普及率	0.129	0.919	0.139	0.126
X15 万人交通工具数量	0.275	0.221	0.790	0.144
X16 建成区绿化覆盖率	-0.068	0.471	0.227	0.607
X17 农村人均纯收入	0.773	0.327	0.272	0.420
X18 农村居民消费水平	0.821	0.382	0.218	0.299
X19 农村文教娱乐消费占比	0.242	0.694	0.196	0.025
X20 农村千人卫生人员数	0.763	0.250	0.391	0.128

提取方法：主成分分析法。

表 3-5 是对表 3-4 的因子载荷矩阵施行方差最大正交旋转后的结果。根据旋转结果可以看到，相对于旋转以前的公共因子载荷系数，旋转后的因子载荷系数取值的分段化更为明显，即取值更加向 0 或者 1 靠拢，这使得我们可以较为容易地对公共因子进行命名和解释。根据旋转后的因子载荷矩阵，可以大概地对得到的几个因子进行命名和解释如下：人均 GDP、非农产业产值占 GDP 的比重、城镇化率、城镇单位就业人员平均工资水平、万人互联网用户数、万人 R&D 全时量、人均图书馆藏量、普通高中师生人数对比、农村人均纯收入农村人均消费水平、农村千人卫生

技术人员数等指标在第一个因子上具有较高的载荷,说明第一个因子主要解释了这些变量,根据这些变量的特点可以将第一个因子命名为经济社会及农村发展水平因子。城市用水普及率、城市燃气普及率、建成区绿化覆盖率、农村文教娱乐消费比重、固体废物综合利用率等指标在第二个因子上载荷较高,可以将第二个因子命名为城市设施水平因子。万元GDP能耗、万元GDP用水量、亿元GDP废气排放量、万人拥有公共交通工具数量等指标在第三、第四个因子上面载荷较高,因此可以将后两个因子合称为环境质量因子。

5. 成分得分系数矩阵和因子得分计算。

表3-6　　　　　　　　　　成分得分系数矩阵

变量	成分 1	成分 2	成分 3	成分 4
X1 人均GDP	0.090	0.022	0.036	-0.033
X2 非农产业比重	0.058	-0.016	0.159	-0.119
X3 城镇化率	0.093	0.099	-0.046	-0.031
X4 城镇单位就业人员平均工资水平	0.134	-0.146	0.120	-0.044
X5 互联网普及率	0.083	0.006	0.031	0.001
X6 万人研究与R&D全时量	-0.003	-0.038	0.183	0.063
X7 地方普通高中师生人数对比	0.152	-0.123	0.075	-0.060
X8 人均图书馆藏量	0.365	0.003	-0.421	-0.074
X9 万元GDP用水量	-0.130	-0.026	0.422	-0.033
X10 万元GDP能耗	-0.037	-0.096	-0.046	0.438
X11 固体废物综合利用率	0.040	0.227	-0.187	0.024
X12 亿元GDP废气排放量	0.033	0.083	0.135	-0.483
X13 城市用水普及率	-0.083	0.320	-0.008	-0.082
X14 城市燃气普及率	-0.095	0.330	-0.031	-0.036
X15 万人交通工具数量	-0.183	-0.025	0.504	-0.046
X16 建成区绿化覆盖率	-0.212	0.119	0.096	0.297
X17 农村人均纯收入	0.129	-0.004	-0.102	0.099
X18 农村居民消费水平	0.174	0.029	-0.154	0.024
X19 农村文教娱乐消费占比	-0.037	0.233	0.010	-0.094
X20 农村千人卫生人员数	0.129	-0.019	0.031	-0.075

对公共因子变量X1—X20做线性回归分析,得到系数的最小二乘估

计就是所谓的成分（因子）得分系数。各个观测量的因子得分可以根据成分得分系数和原始变量的观测值进行计算：

$$F_1 = 0.090X_1 + 0.193058X_2 + 0.093X_3 + 0.134X_4 + 0.083X_5 - 0.003X_6 \\ + 0.152X_7 + 0.365X_8 \\ - 0.130X_9 - 0.037X_{10} + 0.040X_{11} + 0.033X_{12} - 0.083X_{13} - 0.095X_{14} - 0.183X_{15} \\ - 0.212X_{16} + 0.129X_{17} + 0.174X_{18} - 0.037X_{19} + 0.129X_{20}$$

同理可以计算出因子 F_2、F_3 和 F_4 的得分值，各个因子的得分数据如表 3-7 所示。此外，根据因子得分可以进一步计算综合得分。

表 3-7　　　　　　　　　　　因子得分数据

FAC1_1	FAC2_1	FAC3_1	FAC4_1
-0.33424	0.10237	0.02765	0.40514
1.23777	-0.11849	3.87804	1.31736
1.18777	0.51149	2.09227	-0.29619
-0.87581	0.34468	0.52657	-0.32242
-0.16716	0.74596	0.24136	-1.64471
0.44739	-0.14946	-0.40301	-1.15903
0.07574	0.54805	0.08379	-0.24912
0.20016	0.10864	-0.75690	-0.23694
-0.07039	0.14053	-0.61775	-0.28347
4.45179	0.16941	-1.81527	0.05310
0.46499	1.22415	-0.10136	0.82645
0.98609	0.66612	-0.07597	0.86256
-0.75386	0.47329	-0.63747	0.55571
0.18987	0.67780	-0.41502	1.01751
-1.13740	0.34053	-0.40875	1.26837
-0.44548	0.83703	0.46342	0.41659
-0.56638	-0.40136	-0.50711	0.33611
-0.43206	0.41151	-0.39183	0.40098
-0.47154	-0.01749	-0.50920	0.36254
0.06637	0.25839	0.20395	1.33869

续表

FAC1_1	FAC2_1	FAC3_1	FAC4_1
-0.64163	-0.03244	-0.98658	0.57034
-0.36982	0.02932	-1.20647	1.26827
-0.49440	0.48242	-0.35281	0.46353
-0.71925	-0.59902	0.20487	0.41136
-0.34697	-0.74829	-0.42085	-1.34782
-0.67892	-0.77399	-0.24783	-0.00672
0.37833	-4.86092	0.19436	0.83485
-0.97565	0.30882	1.18535	-0.06428
-0.16916	-0.57325	-0.42671	-1.37105
-0.11627	-0.09353	0.77316	-1.82481
0.16232	-0.03828	0.22022	-2.30255
-0.08219	0.02603	0.18589	-1.60033

6. 综合得分计算与排名。在因子分析的基础之上，我们对2012年我国31个省、市、自治州以及全国水平的城镇化质量进行综合分析和测度。采用的变量不再是原有的20个变量，而是经过因子分析之后得到的四个因子变量。以这四个因子变量的方差贡献率作为权数，于是可以得到综合测度函数为：

$$F = 0.34625F_1 + 0.19850F_2 + 0.15212F_3 + 0.13405F_4$$

表3-8给出了全国及各地区城镇化质量综合得分及排名的结果。

表3-8　　全国各地区城镇化质量得分及排名情况（2012年）

地区	城镇化质量得分	排名	地区	城镇化质量得分	排名
上海	1.31	1	辽宁	0.11	9
北京	1.17	2	全国	-0.04	10
天津	0.79	3	吉林	-0.06	11
浙江	0.58	4	湖北	-0.07	12
江苏	0.50	5	重庆	-0.07	13
广东	0.28	6	山西	-0.09	14
福建	0.27	7	内蒙古	-0.09	15
山东	0.14	8	陕西	-0.10	16

续表

地区	城镇化质量得分	排名	地区	城镇化质量得分	排名
黑龙江	-0.13	17	宁夏	-0.23	25
海南	-0.14	18	四川	-0.28	26
安徽	-0.19	19	广西	-0.30	27
青海	-0.19	20	河南	-0.31	28
河北	-0.20	21	甘肃	-0.42	29
湖南	-0.20	22	云南	-0.43	30
新疆	-0.21	23	贵州	-0.51	31
江西	-0.22	24	西藏	-0.69	32

注：表中保留全国层面的城镇化质量有两点原因。第一，省市各指标的标准化以全国各指标数据为基准，因此有必要将全国层面的城镇化质量测出并保留；第二，全国层面的质量水平也代表了各省市的平均水平，保留全国的质量水平便于较清晰地了解各省市与全国平均水平的比较。下同。

（三）聚类分析过程

聚类分析是根据对象的特征，按照一定的标准对研究对象进行分类分析。根据分析的需要和数据特征，本部分选用 Q 型聚类，用系统聚类法进行聚类分析，运用 SPSS 18.0 统计软件采用平方欧氏距离、Ward 法进行聚类分析，得到各地区城镇化质量水平的聚类情况。图 3-2 给出了聚类分析的树状图。

根据聚类分析的树状图，可以将我国各地区城镇化质量结果分为四类：

第一类：由北京、天津、上海 3 个地区组成；

第二类：由江苏、浙江、广东、福建、山东、内蒙古、辽宁共 7 个地区组成；

第三类：由全国、山西、河北、吉林、黑龙江、安徽、江西、河南、湖北、湖南、广西、海南、重庆、四川、陕西、青海、宁夏、新疆共 18 个地区组成；

第四类：由甘肃、云南、贵州、西藏共 4 个地区组成。

从聚类分析结果来看，其与前文得出的全国各地区城镇化质量排名的分布较为一致，也基本符合我国现阶段经济发展和城镇化发展的现实特

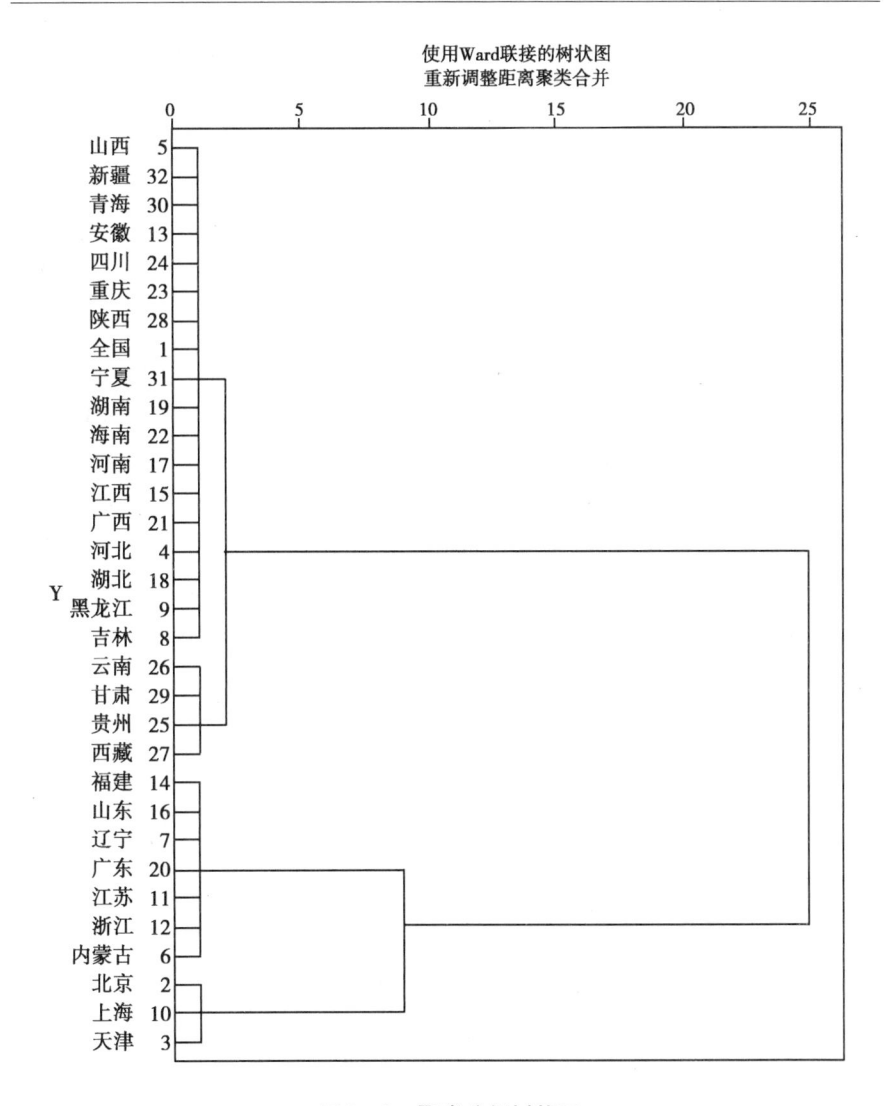

图 3-2 聚类分析树状图

点，无论从理论上还是实践上都验证了本部分所构建的城镇化质量指标体系的科学性与可行性。

结合第二章对我国城镇化发展的区域分类，将我国各地区城镇化质量排名情况与聚类结果结合研究发现，聚类结果中的前两类地区基本属于前文划分的城镇化发展的一类区域，多位于我国的东部地区，也是城镇化发展质量在全国处于领先地位的地区。这些地区在城镇化建设水平和区位优势方面有着很强的共性，在城镇化发展的大多数指标上都处于明显的领先地位，属于我国的发达地区。此外，结合统计数据可以发现，这类地区在经济社会发展中，城市发展和农村发展水平都处于相对较高的水平，属于我国"强城市、强农村"的双强型发展区域，并且是我国经济发展和城镇化发展的核心地区，在我国整个经济发展大局中起着重要的作用。聚类结果第三类中的18个地区，是城镇化质量落后于前两类地区，但也具有一定的特色和优势的地区，与前文中划分的城镇化发展第二类区域基本吻合，这些地区多位于我国的中西部，在城镇化发展过程中往往存在着"强城市、弱农村"的状况，今后的城镇化建设必须在农村发展方面多做文章，提高农村地区的经济社会发展水平。因此，该类地区的城镇化发展潜力较大，是我国未来城镇化发展的重点地区。聚类结果第四类区域是我国城镇化发展的落后地区，与前文中划分的城镇化发展第三类区域相吻合，这些地区城镇化质量和数量水平都处于全国的落后地位，是我国典型的欠发达地区。由于地理区位、经济条件、人口文化因素的约束，这些地区无论是城市发展水平还是农村发展水平都处于我国的落后位置，属于"弱城市、弱农村"的"双弱型"地区，也是我国城镇化大局中必须予以特殊关注的地区，该类地区的城镇化建设应当把自力更生与争取国家政策支持结合起来，不遗余力地加快本地区城镇化的建设步伐。

第四章 不同区域类型特色城镇化政策创新

一 中国城镇化政策梳理与演变

改革开放以来,我国城镇化每年的增长率平均达到1.03%。截至2012年底,全国共约7.1亿人生活在大中城市和小城镇,城镇化率达52.57%。中国特色城镇化和新型城镇化不是凭空提出来的,它是建立在新中国成立以来特别是改革开放三十多年来对中国特色城镇化道路不断探索和实践基础上的,是对中国特色城镇化道路内涵的丰富和发展。

改革开放初期,面对当时城市就业困难的状况,邓小平提出要研究两个问题:城市结构问题、城市里开辟新的领域的问题,这为确立城镇发展方针"破了题"。1980年10月,全国城市规划工作会议提出要控制大城市的城市规模,合理发展中等城市和积极发展小城市,初步确立了我国城镇发展的基本方针。20世纪80年代,我国城镇化的一大亮点是小城镇的蓬勃发展。1984年,国务院先后放宽农民进镇落户限制和建制镇设置标准,为小城镇的发展创造了宽松的政策环境。在商品经济发展和乡镇企业异军突起的推动下,传统的小城镇逐步得到恢复,许多新兴小城市和集镇也在商品集散地的基础上发展起来。邓小平曾指出:乡镇企业的发展解决了百分之五十的农村剩余劳动力的出路问题,"农民不往城市跑,而是建设大批小型新型乡镇"。与此同时,城市经济政策的调整和经济体制改革的展开,特别是对外开放步伐的不断扩大,也极大地带动了我国大中城市特别是沿海地区城市的发展,城镇化水平不断提高。

到20世纪90年代后期,小城镇建设从一般的工作任务进一步上升到整个经济社会发展战略的高度。当时,我国开始出现结构性产品过剩和内需不足的情况,国企下岗工人和农村富余劳动力两路就业大军汇合,城市就业形势十分严峻。同时，1997年爆发的亚洲金融危机也使我国经济发展面临严峻的外部形势。在此背景下，以江泽民为核心的党中央做出扩大内需的战略决策，同时实施小城镇战略、西部大开发战略和"走出去"战略，以拓展经济发展空间。世纪之交，我国经济发展面临深层次问题和突出矛盾，江泽民提出"发展要有新思路"，对经济结构进行战略性调整。贯彻这一大思路的战略举措之一就是实施城镇化战略，以解决城镇化滞后于工业化的突出矛盾，促进城乡经济协调发展。2000年10月，十五届五中全会提出"要不失时机地实施城镇化战略"。到2002年党的十六大时，又进一步明确地提出"坚持大中小城市和小城镇协调发展，走中国特色的城镇化道路"，规定了我国推进城镇化的根本方向。

党的十六大后，在科学发展观指引下，城镇化在统筹城乡、区域协调发展中加快深入推进。以胡锦涛为总书记的党中央指出：稳妥推进城镇化和扎实推进社会主义新农村建设，是统筹城乡发展的两个重要方面，要把两者结合起来，使之"成为我国现代化进程的双轮驱动"。具体原则和主体形态不断明确，成为这个时期推进城镇化的新亮点。十六届五中全会通过的《"十一五"规划建议》第一次明确提出推进城镇化的具体原则，经过不断完善，十七届五中全会概括为"统筹规划、合理布局、完善功能、以大带小"。2006年3月全国人大会议通过的《"十一五"规划纲要》提出"要把城市群作为推进城镇化的主体形态"，党的十七大第一次将"形成辐射作用大的城市群"写进党代会报告。在新实践和新探索的基础上，十七大报告明确做出"走中国特色城镇化道路"的新概括。

2008年国际金融危机爆发以来，世界经济和我国经济进入深刻变革调整阶段，特别是2011年城镇化率历史性地突破50%后，我国城镇化站在一个新的起点上，如何在城镇化率不断提高的同时更加重视城镇化的质量和水平，成为紧迫课题。在多年探索基础上，适应发展需要，"新型城镇化"的理念和要求应运而生。

2002年党的十六大提出，我国将在2020年建成惠及全国人民的更高水平的小康社会，与此同时，我国城镇化将进入一个关键的发展时期。在城镇人口超过农村人口的新形势下，如何处理好社会经济问题也将成为一个关键。此外，2013年召开的中央经济工作会议明确强调城镇化的重要性，认为城镇化是我国现代化建设的历史任务，是我们扩大内需的最大潜力，要求我们围绕提高城镇化质量，积极引导城镇化健康发展。会议还着重强调,未来城市要协调产业发展和环境资源,要进行科学布局,同时政府也要重视农业转移人口的市民化工作。而 2013 年底首次召开的中央城镇化工作会议,对新型城镇化的目标、原则、要求等做出了具体明确的阐释,更突出了城镇化的重要性。

改革开放以来,我国城镇化水平伴随着经济社会的发展不断提升,关于城镇化的政策、方针不断完善。新型城镇化不是凭空提出来的,它是建立在我们对中国特色城镇化道路不断探索和实践基础上的,是对中国特色城镇化道路内涵的丰富和发展。经过几十年的努力,中国城镇化发展不但在量上有了突破,在质上更有了跃升。1978 年我国城镇化率仅为 17.92%,经过三十多年的努力发展,2012 年城镇化率达到了 52.57%[①],这意味着城镇人口超过了农村人口,具有重大的标志性意义,它代表着中国从传统的农业国家向着新型现代化国家迈出了重要的一步,标志着中国特色城镇化道路一个新的肇始。

二 中国特色城镇化道路的理念转变

我国在新中国成立之初是一个新兴的社会主义国家,对国家的建设和发展普遍可以借鉴的缺乏经验,因此我国的发展与进步更多的是在探索中不断摸索着完成的。我国的城镇化建设更是如此。过去为了强调经济的增长和国家的发展,我们采取了比较"左倾"的城镇化方式,大量人为造城,扩大城镇规模,单纯提高城镇化率,致使今天我国的城镇化出现了一些不可避免的问题,直到中国特色城镇化理念的提出,我们才意识到城镇化的本质内涵所在,即人的城镇化。

自 1978 年以来,我国的经济高速发展,城镇化率也飞速增长,这被视为世界经济史上的奇迹。我国的城镇化就是在经济高速增长的背景下进行的,但是与西方国家不同,我们的城镇化道路面临着更多的困难。我国人口众多,大约占到世界总人口的 20%,人均耕地资源、水资源、森林资源等自然资源水平较低,生态承载能力、城镇抵御自然灾害的能力都较为脆弱。新中国成立后,在党和国家正确部署城镇化战略下,我们不断摸索和实践,勇敢前进,最终走出了一条符合中国实际、具有中国特点的城

---

① 数据来自国家统计局网站。

镇化路子，从而使城镇化得到了较好发展，在追求城镇化水平提高的同时，我们又更加注重城镇的质量，注重城镇化空间布局的协调，相信在不久的将来，我国的城镇化建设将会达到更高的水平。

从现在的发展趋势看，未来很长一段时间，我国的城镇化率都将继续提高。这意味着每年都会有劳动力从农村转移到城市，这也将使国民投资保持增长，国民消费持续增加，从而为经济发展提供巨大的动力。但是，我们要科学安排城镇化进程，考虑到城镇化带来的各种问题，谨慎处理，不能操之过急。城镇化是一个自然发展的过程，大到一个国家、一个地区，小到一座县城或几座城镇，如何发展、以怎样的速度发展，与经济社会条件、资源环境状态以及区域产业布局、城市布局等密切相关，忽视甚至漠视这一点，操之过急，盲目"跨越"，会带来很大的副作用。在城镇化中，尤应把握好速度与质量的关系。目前我国城镇化发展虽然取得一定成就，但与世界发达国家的高城镇化相距甚远，因而还要不断促进城镇化率的提高，加大城镇的建设力度，尤其现在进城务工的农民工达 2.6 亿多人，让这一部分已经进城的农民工真正成为"市民"，必须加快我们的城镇化建设。而且将来城镇化要释放更大潜力和红利，会有更多的农村人口需要转移到城镇，这更需要加快发展、积极发展城镇化。但是，城镇化的建设质量绝对不能忽视，要以质量效益为前提，要以"内涵式发展"为前提。专家估计未来 20 年我国将有 5 亿农业人口需要转移。妥善安置城镇新市民，需要缜密的规划，需要综合统筹、系统推进，更需要相当长的时间。

中国特色城镇化的核心理念，即要求我们充分尊重城镇化发展规律，积极稳妥，既不能被动等待、无所作为，也不能操之过急。城镇化有自身的规律和逻辑，要与工业化、信息化、农业现代化的发展相协调，尤其像我们这样农业人口众多的国家，转移数量大、转移成本高、就业压力大，城镇化进程更要与农业人口转移的速度和规模相协调，从户籍制度、土地制度、产业布局、城市布局等方方面面着手着力，不可能一蹴而就，短时期就完成发达国家几十年或上百年的城镇化任务。现代化城市、国际化城市、文明生态城市的建设是一个社会经济发展的漫长过程，绝不是不按科学发展观的要求进行的、传统的以加速扩建、滥建为标志的城镇化道路。建立真正的有质量的、高水平的城镇化社会，根本标志是生活在这个城市中的主人——全体市民对公共事物和社会文明的关心，提升高素质人才，管理好城镇建设与城市现代化水平密切相关,这是在加速城镇化中构建和谐社会的最终目标①。

在这种背景下,中国特色城镇化道路更要求用科学的思维,转变传统的发展理念,稳步推进城镇化建设,只有发展理念科学、规划合理,才能真正促进城镇化的健康持续发展。基于中国特色的科学的城镇化理念,我们才拥有了今天的城镇化成就,才找到了适合自身发展的特色城镇化路子和新型城镇化路子。科学发展理念表现在转变过程上主要包括以下内容:由重物质、重速度、重规模的思想向以人为本、可持续发展等方向转变,切实解决人的切身利益,实现人的全面发展,这是科学城镇化发展理念的宗旨;由重点发展、优先考虑、先牺牲再弥补的思想向综合考虑、平衡协调、统筹规划等方向转变,这是科学城镇化发展理念的战略思路;由以规模、速度为主的外延发展理念向以效益、质量、结构为主的内涵式发展理念转变,这是科学城镇化发展的方式②。

因此,中国特色城镇化道路的理念创新,即城镇化建设是一个漫长的过程,不可能一蹴而就,更不能急于求成,而是应遵循客观规律,注重城镇化的质量与结构,只有充分地、根本性地转变我国城镇化的发展理念,才能充分发挥城镇化所带来的动力、作用和潜力。

三　中国特色城镇化道路的政策创新

根据前文有关我国城镇化道路的演变过程,中国特色城镇化道路的基本内涵、突出特征、区域分异、动力机制以及理念创新等方面内容的论述,本研究结合我国国情以及新时期城镇化发展的新要求,概括了中国特色城镇化道路的政策创新,为中国特色新型城镇化的顺利推进提供参考。

(一) 基于以人为本的均等城镇化政策创新

我国城镇化的发展经验表明,城镇化发展不仅体现在城镇规模的扩大、城镇质量的提高、城镇形象的改善以及城镇产业的发展等方面,其本

---

① 姚世谋、陆大道等:《中国城镇化需要综合性的科学思维——探索适应中国国情的城镇化方式》,《地理研究》2011年第11期。

② 蔡秀玲:《中国城镇化历程、成就与发展趋势》,《经济研究参考》2011年第63期。

中国特色城镇化道路政策创新

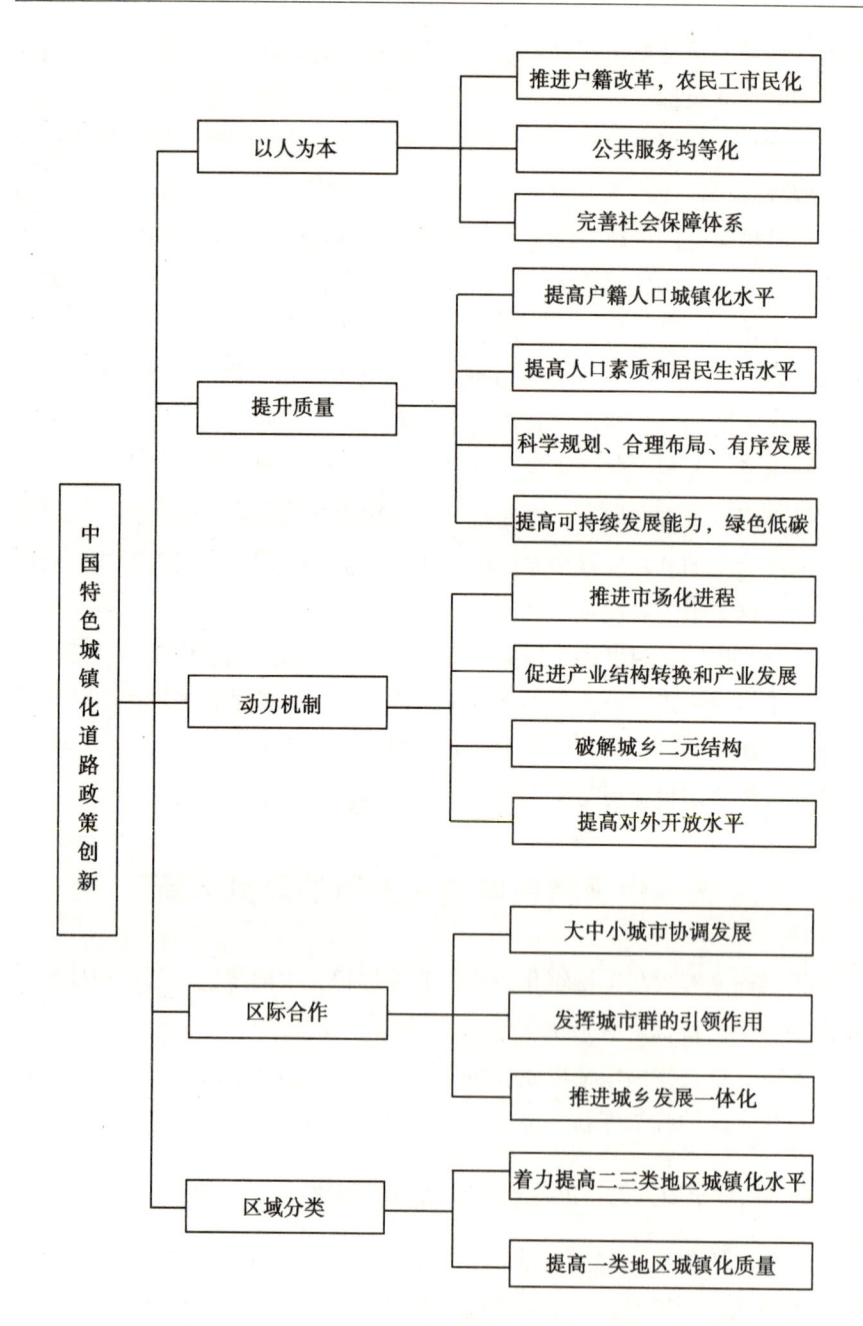

- 以人为本
  - 推进户籍改革，农民工市民化
  - 公共服务均等化
  - 完善社会保障体系
- 提升质量
  - 提高户籍人口城镇化水平
  - 提高人口素质和居民生活水平
  - 科学规划、合理布局、有序发展
  - 提高可持续发展能力，绿色低碳
- 动力机制
  - 推进市场化进程
  - 促进产业结构转换和产业发展
  - 破解城乡二元结构
  - 提高对外开放水平
- 区际合作
  - 大中小城市协调发展
  - 发挥城市群的引领作用
  - 推进城乡发展一体化
- 区域分类
  - 着力提高二三类地区城镇化水平
  - 提高一类地区城镇化质量

图 4-1 中国特色城镇化道路的政策框架

质核心是以人为本，人口城镇化即化农民为市民。所以，在中国农村人口依然庞大且农民收入水平与生活质量仍然不高的状况下，推进城镇化应以转变农村人口为城市居民为主体。在中国，户籍制度是影响农业人口转变为非农业人口、农村人口转变为城市人口、加快城镇化进程的主要制度障碍之一。推行户籍制度改革是更好地反映中国人口的地域和就业结构、推动城镇化进程的新举措。

要达到以人为本的均等城镇化，就必须深化户籍制度改革，合理调整现有的城市农民工政策。现有的城镇常住人口中有相当部分是进城打工的农民工，他们虽然居住在城市却无法享有城市的相关福利。这种情况下，城乡之间是割裂的二元户籍制度而非统一的一元户籍制度，人们不能自由地迁移居住。我们必须深化户籍制度改革，使户籍制度回到只承担社会管理职能和统计人口信息功能的目的上，使更多的农民工享受到城市发展的福利，成为"名正言顺"的城市人。但是，我们也要认识到这个改革过程是无法一蹴而就的，户籍制度涉及人口众多，影响极其广泛，牵一发而动全身，所以我们必须周全考虑、精心设计、谨慎执行。在户籍制度改革过程中，应坚持的基本原则是：公民一律平等；把解决农村人口迁移放在首位，逐步实现公民享有迁移自由和居住自由；赋予地方政府一定的改革权限；建立健全相关配套制度和政策体系。

首先，要加快建立健全符合国情、比较完整、覆盖城乡、可持续的基本公共服务体系。其次，还要注重提高居民素质。因为城镇化是人的城镇化，它是人们接受现代思维方式、适应城市生活方式和城市文明的过程。所以我们不能单纯地从物质角度推进城镇化，更要重视国民素质的提高和城市文明的普及。最后，要创造良好的人本环境，提倡"创新、和谐、公平、自由"，使新市民和老市民和谐相处、快速融合，使城镇具有人文关怀，更全方位地为人民服务。建立良好的基本公共服务体系还要求政府由"管理型"向"服务型"转变。引导型、服务型政府应该做到管理观念的转变和管理思想的创新，使管理有序、规划科学、健全法律法规体系、执法有度，建立廉洁高效政府。在城镇化发展过程中，政府要充分发挥其职能，综合采取经济、法律、行政等手段规划制定因地制宜的发展政策，合理引导，积极创造有利于本地区城镇化发展的投资环境，高效发挥财政的积极作用，推动本地经济和社会进步。

健全社会保障体系。社会保障制度是指政府和社会根据一定的法律法规，对公民在年老、疾病、伤残、失业、生育等情况下为保证其基本生活权利而给予帮助或救济的制度。我国社会保障制度包括六个方面：社会救济、社会保险、社会福利、优抚安置、社区服务、个人储蓄保障。

建立面向在城市工作的农村人口的专项社会保障制度。因目前农民工转变为市民的过程较长，针对农民工虽然生活在城镇却没有真正融入城镇的生活，并没有真正享受到平等的城镇福利问题，政府应该在与农民工充分交流、农民工自愿的情况下，采取分类、分层对其进行保障的方法，保障农民工在工作、住房、生活条件、教育、医疗、保险等方面的利益，逐步建立有利于农民工切实转变为市民的专项社会保障制度，使他们真正长久地成为市民。

第一是要保障农民工合法权益，必须要让农民工与市民享有同样的合法权利，平等的参与各种竞争，比如在子女教育、职业培训等方面有同样的权利。第二是要疏通农民工进城务工的就业渠道，改革城乡之间劳动力流动体制，以市场为原则积极促进农民进城就业。其中，比较重要的就是处理好城镇化进程中的失地农民问题。必须从以人为本的指导思想出发，构建补偿、就业、社会保障"三位一体"的保障体系。在土地补偿方面，要以市场价格为依据，提高土地补偿价格，切实保证农民的合法权益。在安置方面，要以市场为导向，坚持"就业优先"原则，帮助失地农民培养新的技能，找到新的工作[①]。

（二）基于提升质量的绿色城镇化政策创新

2013年年底首次召开的中央城镇化工作会议明确指出，走中国特色、科学发展的新型城镇化道路，关键是提升城镇化的质量。这些年来，我国城镇化快速推进，特别是2011年我国城镇化率首次突破50%，但相对而言，我国城镇化依然明显滞后，还面临不少亟待解决的问题，特别是城镇化质量不高的问题日益突出。比如，一些地区城镇结构、区域布局不够合理，部分区域很拥挤，部分区域人口密度又很低，基础设施也存在分布不均的现象；城镇管理水平不高，公共服务供给不足，一些城市出现交通拥堵、环境恶化等"城市病"；土地城镇化快于人口城镇化，劳动就业不充分；等等。要认识到，城镇化不是简单的城市人口比例增加和面积扩张，而是要在产业支撑、人居环境、社会保障、生活方式等方面实现由"乡"到"城"的转变。

---

① 张彦飞：《论推进城镇化进程与构建和谐社会》，《现代商贸工业》2008年第4期。

第一，提升城镇化的质量必须稳步提高户籍人口城镇化率。当前，我国城镇化率达到52.6%，这是以常住人口为基数计算的，但按照户籍人口计算，城镇化率就降低了十几个百分点。这说明有大量经常住在城镇的农业转移人口还不是城镇户口，处于"半市民化"状态，也说明许多地方落户门槛仍然较高，一些城镇吸引人口集聚的能力还不足。"稳步提高户籍人口城镇化水平"的目的就是推进以人为核心的城镇化，逐步缩小常住人口、户籍人口两个城镇化率之间的差距，让符合条件的农业转移人口真正实现市民化，融入城市社会，提升人民生活水平和质量。加快户籍制度改革，重点是要通过调整完善户口迁移政策，促进有能力在城镇稳定就业和生活的常住人口有序实现市民化，主要任务是解决已经转移到城镇就业的农业转移人口落户问题，稳步提高户籍人口城镇化水平，稳步推进城镇基本公共服务常住人口全覆盖。

第二，提升城镇化的质量要着眼于提高人口素质和居民生活水平。从根本上说，人民生活水平的提高有赖于国民经济的发展。国民经济持续、健康、高速发展的关键要素在于国民素质。从前几年的情况看，我们把主要精力放在发展生产上，但在研究考虑如何提高人口素质、促进经济发展方面则显得不够，在消费观念上表现为过分重视物质生活的提高，忽视了精神生活的作用。处理二者之间关系的实质在于提高人口素质和生活水平，加速经济发展。另外，生活质量的提高需要居民生活方式的根本转变。因此，大力发展第三产业，增加文化、教育、保健、体育、娱乐等作为一级生活场所，从消费角度而言，这是一种"时间消费"方式，从产业的角度看，是增加时间消费产业，扩大了就业渠道。同时要加速发展经济和社会事业，培植新的经济增长点，通过发展生产力，提高经济实力和人民生活水平。注意解决城市贫困问题。政府应从财政上和制度上解决城市贫困人口的基本生活保障问题，尽快解决困难企业的劳动者生活费来源问题。动员全社会做好缓解和控制城市贫困的工作，进一步推动"送温暖工程"和社会慈善、福利事业的发展。通过调整分配、再分配政策，来缓解贫富差距，这也是解决城市贫困的主要办法之一。

第三，提升城镇化的质量必须坚持科学规划、合理布局、有序发展。城镇化的顺利推进必然要以科学合理的规划为前提，城镇化发展规划的制定要以我国的实际发展情况、国民经济和社会发展规划为依据，以国家大的政策、决策为着力点，分层制定、层层推进，增强各级规划的系统性、前瞻性、科学性和导向性，指导城镇建设有序开展。（1）编制城镇规划，必须以科学为指导。以科学的严谨性来确保规划的顺利实施，同时还可以提高城镇资源的利用效率和城镇空间的合理布局与节约，最终有利于提高城镇质量、城镇建设的良性循环和可持续发展。（2）编制城镇规划，必须以突出特色为着力点。一个城市的文明主要体现在这个城市的特色、特点之上，没有自身特点的衬托，即便是现代化的味道再浓，也避免不了千城一面的尴尬局面。我国地域广阔、文明久远、少数民族文化资源非常丰富，因而我国的城镇建设可以根据城镇拥有的独特条件，充分发掘当地地域风情、文化资源，给城镇贴上文化的标签，塑造城镇的鲜明形象和特色品牌，打造城镇特有的竞争力，彰显独特的城镇魅力。（3）编制城镇规划，要以国家政策为指导并体现时代特征。各级城镇规划都必须以国家的方针政策为基本依据，不能违背国家总体规划，这是确保规划能顺利实施的基本条件；时代特征也要体现在规划中，这是规划的前瞻性作用，只有体现时代特征，才能彰显时代气息，使城镇充满活力。（4）编制城镇规划，必须以真正实施为目的。由于各种条件的限制，规划制定容易，但实施起来较难，尤其是在规划制定与现实情况有冲突的时候。这就要求通过法定程序等手段确立规划的权威性，切实发挥其指导和调控作用。

第四，提升城镇质量的同时还要提高城乡可持续发展的能力，走集约高效、绿色低碳的可持续发展之路。也就是要建立资源利用集约高效、经济发展绿色低碳、城市环境优美宜居、人民生活和谐幸福的现代化城镇。在资源利用方面，我们要尽快推进资源、能源的价格改革，使其能合理反映资源、能源的稀缺程度，进而合理配置和高效利用资源。在经济发展方面，我们要推进产业结构优化与升级，鼓励和引导资源循环利用、高效利用的产业体系；同时，加快节能建筑发展，推动新能源的普及应用。在城市环境方面，要加大对资源浪费和污染环境及破坏生态行为的监管和打击力度；要进一步发展城市公共交通系统，提高市民公交出行的比例，从而减少汽车尾气的排放。在人民生活方面，要构建社区综合管理和服务平台，加强社区自我服务、自我管理的能力；倡导和激励促进资源节约环境友好的居民消费方式和行为，最终达到可持续发展。

（三）基于动力机制的地区城镇化政策创新

在推进特色新型城镇化的过程中，各地区都要坚持全面协调可持续的城镇发展战略，都应因地制宜地制定城镇化政策。本书第二部分基于31个省（市、自治区）8个连续年度数据，利用多元回归模型分析了动力机制对城镇化分异的影响，并得出了一定的结论，在此基础上我们从动力机制的视角为城镇化的发展提出了一些政策上的建议。

第一，市场化程度对城镇化的影响在多元回归模型中影响方向多数年份为正，并不显著但效果呈现明显的加强趋势。十八届三中全会指出要"使市场在资源配置中起决定性作用和更好发挥政府作用"，这一表述对市场的地位和作用进行了重新定调，今后应依靠市场力量不断优化区域城镇化布局和形态，尤其是加快中西部地区的市场化进程对促进城镇化区域协调发展意义重大。推进市场化进程的重要方式之一就是大力发展非公有制经济，增强城镇经济发展的动力。发展非公有制经济主要在三个方面着手，一是继续强化政策对非公有制经济的扶持作用；二是建立规范的现代企业制度，加快非公有制企业内部组织制度创新；三是对非公有制经济的产业结构和产品结构层次进行优化升级。

第二，产业发展对城镇化的影响较为显著，因此对中西部地区来说，优化产业结构，不断增加二三产业比重，尤其是增加第三产业比重，将是提高当地的城镇化率的有效手段。走新型工业化道路，为城镇化提供物质支撑。城镇化发展的核心内容是转移农村的剩余劳动力，实现城乡的充分就业；但其发展重点是强化城镇化发展的产业支撑，实现城镇的全面协调可持续发展。就城镇化过程中的产业发展而言，要重视第三产业的发展，第三产业的充分发展能够带动增加城乡收入水平，增加城乡就业人数，带动城乡就业水平的提高。另外，产业集聚的充分发展可以引起资本、技术、人才等生产要素的聚集，产业集群中大量聚集的中小企业可以提供众多的就业机会，在吸纳农村剩余劳动力和推进城镇化发展方面发挥重要作用，这将大大促进城镇化进程。产业集群的发展可以从以下几点着手：一是统筹优化生产力布局，把工业园区整合为产业功能区，实现资源集约、环境保护、要素自由流动、产业互补的可持续发展；二是把产业链延伸做成产业集群发展的主脉，重点向上游科技创新掌握核心技术方向发展；三是创新产业集群发展各类环境，注重制度的顶层设计，充分引入竞争机制，降低行业准入门槛，逐渐打破一些行业的垄断。

第三，城镇比较利益对城镇化有极为显著的负效应，今后应坚持以人为本，努力破解城乡二元结构、促进城乡公共服务均等化和城乡协调发展，逐步改革不合理的户籍管理制度、形成合理的土地流转机制、促进农民工市民化和农村劳动力有序转移等。只有不断推进土地、户籍、财税、行政管理等各方面体制机制改革，才能为城镇化健康有序发展提供保障。比如，统筹推进人口管理制度改革，通过人口管理制度改革，创新和完善人口服务和管理制度，促进人口有序流动、合理分布和社会融合。要稳步推进户籍制度改革，建立健全户籍和居住证并行、补充衔接的人口管理体系，逐步建立城乡一体、以居住地为依据的人口登记制度，最终消除城乡分割的二元户籍制度。比如，有序引导符合条件的农民工进城落户，着力于推进农民工市民化；通过这个过程，让进城农民工能够均等地享有城市的公共服务，促进农民工本人融入所在企业，他们的子女融入就读的学校，他们的家庭融入居住的社区；建立城市的公共服务与居住年限挂钩的机制，扩大农民工享受的公共服务范围。加强对农民工的人文关怀和服务，帮助其解决诸如居住、就业、医疗、子女教育等方面的问题。

第四，对外开放水平对城镇化的区域差异也有较为显著的影响。东部省份应该在继续保持自身优势的基础上，继续加强国际交流与合作，争取向更高水平迈进。中西部省份应借助东部地区这一桥梁，加强与国外的联系，同时加强与东部省份之间和区域内部省份之间的贸易往来，从而促进城镇化水平的提高，缩小与东部地区的差距。具体而言，城镇要注重发展对外贸易，通过发展对外贸易促进当地经济发展、增加劳动力就业。要积极开展新型的对外贸易关系，不断提升进出口的效益和规模，优化其结构，积极打造本地自有产品、创新产品、自创品牌的国际知名度，加大出口，严厉控制不符合科学发展观发展要求的产品的出口。此外，城镇要逐步提高合理利用外资的能力，外资利用可以增强城镇的发展能力，提高城镇的开放水平，从而促进城镇的发展。但我国以前对外资的引进和利用多少有些盲目，外资利用的重点应向外资的质量转变，同时引进外国先进创新经验、完备的基础设施、发达的科学技术以及高素质人才等。在引进外资的同时，充分发挥我国中西部地区工业区、东北地区的老工业基地等利用外资的水平和能力，学习外国的先进研发、生产经验。城镇还要积极完善与资金利用相关的各项金融环境，综合利用财政、税收、保险等各种手段加强引导和协调。

综上所述，从动力机制的视角来看，区域城镇化应综合利用加快市场化进程、优化产业结构、缩小城乡差距和提高对外开放水平等多方面手段，制定适合自身发展的区域城镇化政策，以加快自身城镇化进程和缩小区域城镇化差距，促进区域协调发展。

（四）基于区际合作的联动城镇化政策创新

首先，区际合作要充分发挥城市群的带动作用。城市群能够实现资源在更大范围内的优化配置，能够使地理条件、经济条件以及不同级别的城市承担起各自的功能，有效地实现城市之间的分工与合作；因而，城市群的分布模式，比各城市的独立分布更能够获得分工收益与规模效益，城市群也因此越来越成为区域经济发展的重要力量。在区域城市之间，努力建立、强化区域城市联合、协调、合作机制，在全国范围内形成规模不等、各自分工又协调合作的城市主体群。不同级别城市群中的各个城市根据自身比较优势和竞争优势相结合的原则，确定其不同的功能定位和经济发展定位，形成区域内比较合理的垂直分工和水平分工相结合的分工协作体系，增强联动性、互补性和协调性，充分发挥联合协作优势。包括了超大城市和特大城市在内的大型城市，是我国参与经济全球化的主要区域，是提高我国在世界产业分工体系中地位的重要载体。同时，大中城市也是多数进城农民的主要选择，是接受农村劳动力转移的重要载体。从区位因素看，我国的大中城市往往依附于主要的铁路、公路等交通要道分布，具有便利的交通条件。此外，大中城市的基础设施条件好，居民消费能力高，服务业发展潜力大。因此，随着经济发展和产业结构的调整，大中城市将不断增加对劳动力的需求，成为吸纳农村劳动力的重要力量。另一方面，小城市和小城镇则起着沟通城乡经济发展的纽带作用。小城市和小城镇可以因地制宜，充分利用当地劳动力，加快劳动密集型产业和服务业的发展，从而吸纳大量的农村富余劳动力。2013年底的中央城镇化工作会议，已明晰了以城市群为轴心的城镇化发展路线，城市群目标定位基本明确。本研究认为，城市群建设可从三个层次推进：一是已基本建成的11个城市群，包括珠三角城市群、长三角城市群、京津冀城市群、山东半岛城市群、辽宁半岛城市群、长江中游城市群、中原城市群、成渝城市群、关中城市群、海峡东岸城市群、海峡西岸城市群。二是正在建设的14个城市群，包括武汉城市群、呼包鄂城市群、江淮城市群、长株潭城市群、乌昌城市群、兰州城市群、银川城市群、黔中城市群、太原城市群、南宁城市群、石家庄城市群、拉萨城市群、滇中城市群、环鄱阳湖城市群。三是7

个潜在城市群,包括豫皖城市群、汕头城市群、琼海城市群、徐州城市群、浙东城市群、冀鲁豫城市群、鄂豫城市群。其中,豫皖城市群(包含城市:阜阳、亳州、商丘、周口);冀鲁豫城市群(包含城市:安阳、鹤壁、濮阳、聊城、菏泽、邯郸);鄂豫城市群(包含城市:信阳、南阳、襄樊、随州、驻马店)均属于区域级城市群。我国城市群发展目标是通过实施集群化式城市发展战略,到 2030 年,32 个城市群将建设成熟,城市群人口达 8 亿左右,城市带人口达 12 亿左右,初步形成多层次、开放性城市群体系。城市间的交流与合作将更加频繁,我国城市与全球城市之间交流与合作的深度与广度不断加深,我国城市体系将与全球城市体系相融合,形成内部开放与外部开放相结合的全面开放的城市体系。

其次,区际之间的合作要坚持超大城市与大城市、大城市与中小城市、中小城市与小城镇之间的协调发展。大城市是我国城镇化发展的支柱,目前对我国而言,超大城市和大城市的数量还很稀少,其集聚、辐射作用远远没有达到要求,更没有形成完整的城市群体系。因而我国城镇化的发展要注重大城市之间的联系和有效连接,提高东部与中部、西部之间大城市、区域中心城市之间的空间结网能力,最终形成辐射全国的城市体系。同时,大城市要与周边中小城市之间加强合作往来,以身作则,带动周边区域共同发展,中小城市则要充分把握自身在区域中的分工、协作作用,与大城市的需要形成良好互动,共同推进本区域的发展壮大。小城镇的发展为我国广大的农村地区提供了载体,小城镇应充分发挥其在城市与乡村、农民之间的纽带作用,促进城镇化进程。政府也应加强在城镇体系建设方面的引导和规划,必要时充分发挥财政职能进行宏观调控,加大对城镇建设的支持力度,完善城镇基础设施建设和服务水平,促进各区域的协调发展。各个区域之间也要充分利用各地区、各城镇的比较优势,激活自身特点特色,大力实施新型工业化、新型城镇化和生态保护战略,坚持"两化"互动城乡统筹,全力推进新型城镇化,以生态保护促进现代农业和生态旅游业发展,形成第一、二、三产业协调发展的生动局面,建设独具魅力、自成体系的特色城镇。

再次,区际合作的联动城镇化要以城乡协调发展为主线,推进城乡发展一体化。现有的城乡发展是二元分割的,农村的发展远远落后于城镇的发展,协调城乡发展是城镇化进程的必然过程,故应把城乡统筹置于城镇化的核心地位,实现城乡协调互动、共同繁荣的目标,最终实现城镇化又好又快的进程。为此，我们必须坚持以人为本，促进劳动力在城乡之间畅通流动。改革开放以来，随着经济的发展，农村劳动力因为各种原因大量地转移到城镇之中。他们中的一些人是因为城镇规模的扩张或城镇数量的增加而永久性迁移到城镇之中。还有些人是因为农业效益的低下而自发自愿地从农村大规模地向城镇流动。这些转移到城市的劳动力一部分已经稳定地从事非农生产，另一部分则仍然处于不稳定的流动状态。我们必须制定相关政策，从以人为本的角度出发，为劳动力转移和人口流动创造良好的外部条件。

最后，区际联动还需要建立和完善区域协调机制。为解决跨区域的问题，需要建立和完善区域协调机制，以促进区域经济一体化。在具体的一个区域内部，区域协调机制可以兼顾到各个城市的利益，促进区域内部在技术、交通、信息、信贷、资金、能源、设备、先进经验等各方面的交流与融合，逐步实现区域内部各城市之间分工明确、功能互补、共同进步的格局。因而区域协调机制对于整个区域的发展来说必不可少，从而促进区域城镇化的发展。

（五）基于区域分类的差异城镇化政策创新

我国人口众多，城乡之间具有各自的发展规律，而且区域间资源环境差异大，经济社会发展极不平衡，这些差异决定了城镇化的推进不能只基于一个模式。将城市和乡村割裂开来推进城镇化，是不符合我国国情的。推进城镇化需要促进大中小城市和小城镇协调发展，同时要突出文化品质，突出城镇特色，避免单一化。

在区域主体功能区的框架下，城镇化的发展应当服务于主体功能区的定位。各主体功能区域类型的现实条件差异较大，城镇化发展方针也应当有所区分。就优化开发区而言，该类区域应适当对区域城镇化发展进行调控，合理引导农村人口转移。通过试点先行，带动更大区域发展。就重点开发区域而言，要加快促进城镇化与工业化的协调发展，并使人口有序地向城镇聚集。应通过大力发展城镇经济，来创造更多的就业岗位，以吸收区域内外的农村人口转移，并鼓励和支持有稳定就业与住所的外来人口定居城镇。就限制开发区域和禁止开发区域而言，要鼓励人口向条件较好的地区迁移，控制区域城镇化发展，以避免对资源环境的进一步破坏。

不同区域应根据各自城镇化发展特点，制定差别化的城镇化发展战略。一类地区城镇化应更加注重城镇化的质量提升，同时注重二三类地区的城镇化，着力提高二三类地区的城镇化水平。具体而言，东部和东北地区，由于城镇化水平较高，已步入城市现代化进程中，现阶段应以提高城镇化质量为目标，致力于发展大城市群，大力提升交通与通信能力。各自区域的城市群建设成为本地区经济、信息、服务中心，将其打造成本地区物流、人才、资金和信息的集散地。中西部地区要积极响应经济发展与城镇化，主动借鉴东部地区城镇化的先进经验，同时要考虑区域内部的实际，做到因地因时制宜，要充分发挥市场作用，分清主次，有规律、有计划地推进城镇化。要不断增强大中城市和当地小城镇对农村剩余劳动力的吸纳能力，同时鼓励农村剩余劳动力积极进入城镇工作，进一步完善小城镇的配套基础设施建设，在充分发挥大城市和中等城市对周边地区的聚集作用和辐射作用的同时，促进小城镇的学习、创新能力。[①]

另外，建设中国特色的城镇化体系要体现出时代特色、地方特色、民族特色、产业特色、文化特色等独特性，要努力建成以特大城市为核心、中等城市和城市圈为骨干、各中小城市和小城镇为依托、生态文明小康村为辐射的城镇体系。科学规划全国各区域城镇体系，坚持高标准、分层次、成体系的规划修编原则，规划制定一次到位、逐步实施，涵盖全国中心城市、节点城市、特色城镇和新型农村社区。做优核心城市，建设都市区——北京、上海、广州、深圳、青岛、大连等地，发挥核心城市在产业结构调整、消费结构升级和技术创新方面的示范效应，形成支撑和带动全国城镇化发展的核心增长极。做强二线城市，加快区域次中心城市统筹体系建设。积极打造兰州、西安、武汉、重庆、成都、济南等城市。做大节点城市，从扩大规模、强化功能、提升管理入手，突出抓好县域城镇化建设，促进更多的县城发展成为功能完善的中等城市。这需要努力扩大城镇规模、增强聚集能力、提升辐射带动作用，加快新区建设、改善旧区功能、完善基础设施。

---

① 白志礼、张绪珠、贺本岚：《中国四大经济区域的城镇化发展特征与趋势比较》，《软科学》2009 年第 1 期。

第五章　三类城镇化区域：甘肃案例分析

本书前面的章节已对我国城镇化道路的基本理论、城镇化发展的路径依赖和动力机制进行了详细的描述，并在对全国各省份的城镇化质量水平和数量水平进行测算与分析的基础上提出了不同类型地区城镇化发展的政策建议。本章我们将以甘肃省为例，深入考察其城镇化发展的特征和水平，并着重研究其城镇化发展的空间分布特点及动力机制，以期在此基础上为甘肃省城镇化整体水平的全面提高提出合理化的对策建议。

一　甘肃省城镇化的特点与发展现状分析

（一）甘肃省城镇化的典型特点

甘肃省是位于我国西部地区的一个欠发达省份，由于区位、历史、政策、文化、经济发展等方面的差异，甘肃省的城镇化发展水平在我国处于落后地位，2012年甘肃省的人口城镇化率为37.15%，与全国平均水平的52.27%尚存在较大的差距[①]，城镇化质量也低于全国多数地区的水平。相对于东、中部的多数省份，甘肃省城乡发展水平都较为低下，省内各地区城镇化发展水平差距也更为明显。甘肃省城镇化的典型特点主要体现在以下几个方面：

1. 由于地处我国西北地区，甘肃省的城镇化受区位条件约束明显。甘肃省地处黄河中上游，地域辽阔，省内地貌复杂多样，山地、高原、平川、河谷、沙漠、戈壁交错分布，海拔多在1000米以上，地势较高。甘肃省由于深居内陆，降水较少，气候相对干燥，加之地形复杂，农业发展受到一定的约束；但省内许多地区气温日差较大，光照充足，适合瓜果等

---

① 数据来源于《中国统计年鉴2013》。

作物的生长。甘肃省多山地、少平原的地形特点给本省的城镇化建设造成束缚,城镇发展的规模受到限制,也给本省农业、工业等的发展带来不利影响。但甘肃省境内成矿地质条件优越,矿产资源较为丰富,矿业开发已成为甘肃的重要经济支柱。此外,甘肃省能源种类较多,煤炭、石油等储量丰富,且风能、太阳能资源富足,丰富的自然资源为甘肃省的经济发展和城镇化建设提供了有力的支撑。中央城镇化工作会议指出要注重中西部地区的城镇化,加强中西部地区重大基础设施建设和引导产业转移,这也为身处西北地区的甘肃省的城镇化建设提出了重要的使命。

2. 受经济发展状况的约束,甘肃省的城镇化属于我国落后地区的城镇化。2012年甘肃省的人均GDP为21978元,全国平均水平为38420元,2012年甘肃省GDP总量为5650.20亿元,只占到全国总量的1.09%,甘肃省的经济发展水平处于我国的落后地位。由于城镇化水平与地区经济发展水平密切相关,甘肃省的城镇化发展面临的任务也相对更为艰巨。再加上本省贫困地区较多,贫困人口仍大量存在,如何实现本省人口的脱贫致富也是摆在甘肃省城镇化建设中的不可回避的问题。当前,甘肃正处于负重爬坡的阶段,城镇化建设面临的困难较大,但甘肃省发展潜力较大,发展优势比较明显,因此城镇化的建设对本省既是机遇,也是挑战。

3. 甘肃省城镇化总体水平低,区域差距偏大,发展不平衡。2012年甘肃省的城镇化率水平在西部12省中排名第10位,约相当于全国2002年的城镇化率水平,整整落后了10年。另外,甘肃省城镇化水平的地区分异明显。从城市化发展的空间分布看,河西五市的城镇化率整体较高,而河东地区则相对较低,省会兰州、矿业城市嘉峪关、金昌以及酒泉等几个地市的城镇化率在省内相对比较高,而定西、临夏、甘南、陇南等州市的城镇化率明显偏低,远低于全省平均水平,更难同中西部地区的省市相比。总体而言,甘肃省各州市的城镇化率水平呈现出很强的地区不平衡性,2012年甘肃省14个州市中城镇化率水平在60%以上的有3个,在30%—60%的有6个,其余5个州市均低于30%,省内城镇化水平地区差距明显。

4. 甘肃省的特殊省情也决定了其城镇化发展的特殊性。作为我国中东部地区通往西北地区的重要关口,甘肃省的发展对整个西北地区的影响较大,甘肃省城镇化发展不仅对本省意义重大,而且会对整个西北地区,特别是西北边疆地区产生辐射作用,并会为西北地区的城镇化建设提供范例。此外，甘肃省是一个少数民族人口众多的省份，甘肃省城镇化的发展离不开本省少数民族地区城镇化的发展；因此，民族地区的城镇化发展问题也是甘肃省城镇化发展过程中需要注意的问题。由于甘肃省地形地势的复杂，生态环境相对脆弱，因此在城镇化建设过程中必须注重生态环境的保护。这一系列的问题，都决定了甘肃省城镇化的复杂性和困难程度，甘肃省是一个潜力与困难都比较突出，优势与劣势都比较明显的省份，城镇化的建设必须紧密结合省情，全面有序地展开。

（二）甘肃省城镇化的发展状况分析

对一个地区城镇化现实发展水平的认识是该地区进行城镇化发展战略构想的基础。前文的研究已经证实了单纯的城镇化率并不能真正反映一个地区城镇化真实的发展情况，因此，为了较全面地把握甘肃省城镇化发展现状，必须把城镇化数量与质量水平结合起来进行分析。同时，地区城镇化的发展具有时空的二维性，因此本部分将分别通过纵向、横向两个维度对甘肃省城镇化的发展过程及现状展开研究。

1. 纵向比较分析

在纵向分析中，考虑到数据的可获取性以及可比较性，本部分选用了城镇化的数量水平，即人口城镇化率来说明甘肃省城镇化的发展过程。人口城镇化水平这一指标体现了人口在经济活动上的结构关系，能够在很大程度上反映地区的经济发展水平和产业结构优化过程，反映了生产方式变革的广度和深度，同时，由于是纵向比较，城镇化率这一指标可以避免因为城市的设置标准不同而出现的统计口径差别问题。

表5-1　　甘肃省人口城镇化水平变动数据（2000—2012年）

年份	总人口（万）	城镇人口（万）	城镇化率（%）	增加值（%）
2000	2515.31	603.93	24.01	—
2001	2523.35	618.47	24.51	0.5
2002	2530.76	656.99	25.96	1.45
2003	2537.19	694.68	27.38	1.42
2004	2541.48	727.12	28.61	1.23
2005	2545.10	764.04	30.02	1.41
2006	2546.79	791.80	31.09	1.07
2007	2548.19	804.97	31.59	0.50

续表

年份	总人口（万）	城镇人口（万）	城镇化率（%）	增加值（%）
2008	2550.88	820.11	32.15	0.56
2009	2554.91	834.18	32.65	0.50
2010	2559.98	924.66	36.12	3.47
2011	2564.19	952.60	37.15	1.03
2012	2577.55	998.80	38.75	1.60

资料来源：根据2013年《甘肃发展年鉴》相关数据整理，中国统计出版社。

表5-1给出了2000年以来甘肃省城镇人口和城镇化率的变化情况。2000年以来，甘肃省总人口基本保持稳定，城镇人口相对增长较迅速。从2000年到2012年，甘肃省城镇人口数从603.93万增加到998.80万，在总人口相对稳定的情况下，对应的人口城镇化率也由24.01%增加到38.75%。从表的最后一列可以看到，2000年以来甘肃省多数年份的城镇化率增加值都在1%以上，增长速度较快。总体而言，2000年到2012年，甘肃省的人口城镇化率增长了14.74个百分点，12年间的平均增长数值为1.23%，说明2000年以来，甘肃省的城镇化率水平增长是比较明显的。但对比全国数据，2000年到2012年，我国城镇化率水平由36.22%增加到52.27%，共增长了16.05%，年均增长1.34%，因此，甘肃省的人口城镇化率增长速度与全国平均水平比，还是相对缓慢，加之甘肃省本身人口城镇化率就远低于全国平均水平的现实，甘肃省未来要在加快人口向城镇转移方面多做努力。

2. 横向比较分析

为了进一步了解甘肃省城镇化发展的程度在全国城镇化发展大局中的地位，需要将甘肃省城镇化发展的数量水平和质量水平与全国其他省份进行比较，为了使这样的比较更有代表性，本部分特意选取了我国四大经济地带的不同发展程度的一些代表省份来与甘肃省的城镇化发展程度作比较，具体的，东部地区选择了浙江省、福建省、海南省，这三个省份分别处于东部经济发展中较先进、较居中和相对落后的位置；类似地，东北地区选择了辽宁省和吉林省；中部地区选择了湖北省、河南省和山西省；西北地区选择了陕西省和新疆维吾尔自治区；西南地区选择了四川省和贵州省。表5-2给出了各省份（包括全国水平）对比的结果。

表 5-2　　　　　　　2012 年全国各地区城镇化水平对比　　　　　　单位:%、万元

地区	城镇化率	排名	城镇化质量得分	排名	城镇人均可支配收入	城镇人均消费水平	农村人均纯收入	农村人均消费水平
全国	52.57	14	-0.04	10	2.456	2.112	0.792	0.652
浙江	63.20	6	0.58	4	3.455	2.826	1.455	1.372
福建	59.60	8	0.27	7	2.806	2.072	0.997	0.960
海南	51.60	16	-0.14	18	2.092	1.507	0.741	0.602
辽宁	65.65	5	0.11	9	2.322	2.306	0.938	0.865
吉林	53.70	12	-0.06	11	2.021	1.687	0.860	0.698
湖北	53.50	13	-0.07	12	2.084	1.730	0.785	0.671
河南	42.43	28	-0.31	28	2.044	1.710	0.752	0.561
山西	51.26	17	-0.09	14	2.041	1.509	0.636	0.649
陕西	50.02	19	-0.10	16	2.073	1.825	0.576	0.578
四川	43.53	27	-0.28	26	2.031	1.665	0.700	0.715
新疆	43.98	25	-0.21	23	1.792	1.744	0.639	0.541
青海	47.44	21	-0.19	22	1.757	1.503	0.536	0.612
甘肃	38.75	30	-0.42	29	1.716	1.505	0.451	0.456
贵州	36.41	31	-0.51	31	1.870	1.544	0.475	0.445

资料来源:城镇化质量得分来自第三部分全国各地区城镇化质量的测度;其他数据来自国家统计局网站。

首先就城镇化的数量水平,即城镇化率水平来看,甘肃省的城镇化率位居全国31个省、市、自治区中的第29位,在全国甚至西部地区都处于落后位置。2012年甘肃省的城镇化率水平为38.75%,比位居全国第6位的浙江省低了24.45个百分点,甚至比东部的落后省份海南省也低了12.85个百分点。中部地区的河南省城镇化率水平偏低,仅高出甘肃省3.68个百分点,但河南省的人口基数却比甘肃大得多,所以相对而言,甘肃省城镇化率水平显得很低,但同时提高的空间也比较大。其次是城镇化的质量水平,与城镇化率排名一致,甘肃省城镇化质量得分的排名也处于全国的落后地位,甘肃省城镇化质量的得分值远低于东部地区的浙江、福建等省,也以很大的差距落后于东北部各省和中部的多数省份,甚至与西部的陕西、新疆维吾尔自治区等也存在着较大的差距。总体而言,甘肃

省的城镇化数量水平和质量水平发展都很不到位，甘肃省城镇化的整体水平亟须提升。

最后，就城乡发展水平来看，2012年全国城镇居民人均可支配收入为2.456万元，人均消费水平为2.112万元；甘肃省对应的数据为1.716万元和1.505万元，分别比全国平均水平低0.74万元和0.607万元。全国农村居民人均纯收入为0.792万元，农村居民人均消费水平为0.652万元；甘肃省对应的数据仅为0.451万元和0.456万元，比全国平均水平低0.341万元和0.196万元。以上数据显示，甘肃省无论是城镇、农村的人均收入水平，还是城镇、农村的人均消费水平，都和全国平均水平存在较大差距。而东部较为发达的省份浙江省的城镇人均可支配收入是甘肃省的两倍，农村人均纯收入是甘肃省的三倍多，城乡人均消费水平也都远远高于甘肃省平均水平。即使是西部地区经济发展相对落后的贵州省，其城乡人均收入水平也分别高于甘肃省。甘肃省城乡经济水平不但与东部、东北、中部地区的省份差距都很明显，而且在西部地区也都处于落后位置，属于我国典型的"弱城市、弱农村""双弱型"发展地区。

综上所述，由于甘肃省无论在城镇化发展的数量方面还是质量方面都处于我国的落后位置，加之其经济水平和城乡发展都处于弱势地位的实际情况，甘肃省的城镇化建设任务更为艰巨，城镇化建设目标的实现更为复杂，这也意味着，对甘肃省这样的城镇化发展"双弱型"区域进行分析，也更具有现实意义和参考价值。

二 甘肃省城镇化水平与质量的区域差异测算及评价

为了深入了解甘肃省城镇化发展的区域性特点，以便能够比较合理地提出城镇化发展的建议，本部分将试着建立指标体系对甘肃省各州市的城镇化质量进行测度，并通过省内各地区城镇化发展数量水平与质量水平的综合分析，全面了解甘肃省城镇化发展的区域差异性。

（一）指标体系的构建与数据的处理

由于本书的第三部分已经详细介绍了建立城镇化质量测度指标体系的原则和方法等，本部分直接援用前文的原则和方法，在此不再赘述。

需要说的是，由于对甘肃省 14 个州市，包括甘肃省在内共 15 个地区的城镇化质量测度，其样本数量和样本本身都较全国 31 个省区有所变化，考虑到分析的可操作性以及数据的可获得性，需要建立一套新的指标体系进行衡量。本部分建立的测度甘肃省城镇化质量水平的指标体系如表 5-3 所示。

表 5-3 甘肃省城镇化质量评价指标体系

目标	一级指标	二级指标	单位	类型
城镇化质量	经济水平	X1 人均 GDP	元	+
		X2 城镇化率	%	+
		X3 非农产业比重	%	+
	社会质量	X4 万人 R&D 人数	人	+
		X5 万人互联网用户数	户	+
		X6 万人民用汽车拥有量	辆	+
		X7 万人执业医师人数	人	+
	城建功能	X8 城市用水普及率	%	+
		X9 城市人均道路面积	平方米	+
		X10 建成区绿化覆盖率	%	+
	环境友好	X11 万元 GDP 废水排放量	吨	-
		X12 亿元 GDP 二氧化硫排放量	立方米	-
	农村发展	X13 农村居民人均纯收入	元	+
		X14 农村居民人均消费水平	元	+

该指标体系的一级指标基本与第三章的分类保持一致，但是考虑到因子分析对变量个数的要求，因此包括甘肃省在内的甘肃省各地区共 15 个样本，最多选用 14 个指标。于是，该指标体系对各个一级指标下的具体指标进行缩减，但整体上仍旧可以较全面地对各样本（地区）的城镇化质量进行衡量。

该指标体系中的多数二级指标也与第三章选用的指标一致，因此不再赘述，但其中的个别指标有所变动，在此需要作以说明：经济水平中的万人执业医师人数是衡量万人所拥有的执业医师（含执业助理医师）数量的指标，执业（助理）医师属于卫生技术人员，但其职业化水平要高于一般的卫生技术人员，因此也可以作为一个地区医疗卫生水平的参考指标。万人民用汽车拥有量是衡量一个地区交通运输业基本情况的指标，其中民用汽车拥有量中也包括了私人汽车。万元 GDP 二氧化硫排放量中，二氧化硫的排放量包括了工业二氧化硫和生活二氧化硫，因此万元 GDP 二氧化硫排放量这一指标可以用来指代一地区经济社会发展对大气的污染程度。此外，考虑到数据的可获得性及代表性，本部分在农村发展指标中主要选择了代表农村经济发展水平的两个指标，农村人均纯收入和农村居民人均消费水平。此外，多数指标对应的数据均来源于 2012 年的《甘肃发展年鉴》，个别指标的数据是经由《甘肃发展年鉴》上的数据经过核算而得到。

另外，本部分的数据处理与第三章的处理方法保持一致，使用的是指数化的处理方法，正向指标与逆向指标的划分与特点在此也不再详述。对相关数据进行指数化处理后，本部分运用因子分析法对甘肃省各州市的城镇化质量进行度量。

（二）因子分析过程

1. 因子分析的适用性检验。首先通过 KMO 和 Bartlett 检验的结果判断选取的指标数据是否适合因子分析。数据检验的结果是 KMO 值为 0.653，接近 0.7，说明是比较适合做因子分析的；Bartlett 球形度检验 Sig. 值为 0.000 小于显著性水平 0.05，拒绝原假设，说明变量间存在相关关系，因此可以进行因子分析。图 5-1 给出了检验的结果。

取样足够度的 Kaiser - Olkin 度量		0.653
Bartlett 的球形度检验	近似卡方	277.020
	df	91
	Sig.	0.000

图 5-1　KMO 和 Bartlett 检验

2. 提取因子与因子解释。本部分采用主成分分析法提取因子，提取特征根大于 1 的因子为公共因子。从表 5-4 看出共有 3 个因子的特征根大于 1，它们共解释了原有 14 个变量总方差的 86.55%，也就是这三个公因子能够解释 14 个原始变量 85.194% 的信息量。因此可以认为选取三个公共因子进行分析的效果较为理想。

表 5-4 特征值和方差贡献率

成分	初始特征值 合计	方差的%	累积%	旋转平方和载入 合计	方差的%	累积%
1	8.88	63.45	63.45	7.26	51.82	51.82
2	1.75	12.51	75.95	3.35	23.91	75.73
3	1.48	10.60	86.55	1.52	10.83	86.55
4	0.54	……				

为了便于对因子命名和解释，在此采用最大方差法进行正交旋转，旋转后的因子载荷矩阵如表 5-5 所示。

表 5-5 旋转成分矩阵

变量	成分1	成分2	成分3
X1 人均 GDP	0.938	0.260	0.031
X2 城镇化率	0.953	0.219	-0.084
X3 非农比重	0.827	0.165	0.198
X4 R&D 人员	0.969	0.132	-0.060
X5 万人互联网	0.942	0.245	-0.104
X6 万人汽车	0.897	0.365	0.009
X7 万人医师数	0.892	0.199	-0.054
X8 城市用水	0.280	0.911	0.110
X9 人均道路	0.125	0.824	-0.186
X10 建成区绿化	0.318	0.779	0.116
X11 废水排放量	0.129	0.212	0.915
X12 二氧化硫	-0.264	-0.451	0.736
X13 农村收入	0.771	0.470	-0.017
X14 农村消费	0.694	0.607	-0.111

通过旋转后的成分矩阵，可对主因子进行命名，设 F_1、F_2 和 F_3 分别代表成分 1、成分 2 和成分 3。通过表 5-5 可以看到，前 6 个指标以及第 13、14 个指标在主因子 F_1 上的载荷较高，根据对应指标的类型和特点，可以将主因子 F_1 命名为经济社会发展及农村发展因子；8、9、10 三个指标在主因子 F_2 上的载荷较高，可以将第二个主因子命名为城市建设指标；同理，F_3 对应环境质量的指标，可以将第三个主因子命名为环境质量因

子。根据各因子的得分情况以及对应的方差贡献率可以计算各地区的城镇化质量综合得分。

3. 因子得分及综合得分分析。各个地区的公共因子得分根据因子载荷矩阵与标准化指标值的乘积确定。各个地区的综合得分等于各个因子得分的加权平均值，即 $F = 0.5182F_1 + 0.2391F_2 + 0.1083F_3$（其中 F_1、F_2、F_3 分别为公共因子 1、公共因子 2、公共因子 3 的得分，F 为综合得分），权重采用的是表 5-4 中各因子对应的方差贡献率。最后，包括甘肃省在内的甘肃省 15 个地区的城镇化质量得分及排名情况如下：

表 5-6　　　　甘肃省各地区城镇化质量排名情况（2012 年）

地区	主因子得分			城镇化质量			城镇化数量
	F_1	F_2	F_3	得分	排名	城镇化率	排名
嘉峪关市	2.807	0.056	-0.196	1.45	1	93.37	1
酒泉市	0.511	0.819	1.198	0.59	2	52.15	4
兰州市	1.390	-0.629	0.107	0.58	3	78.34	2
金昌市	0.768	0.973	-0.972	0.53	4	64.13	3
庆阳市	-0.504	0.484	2.717	0.15	5	28.01	11
白银市	-0.268	0.569	-0.181	-0.02	6	41.54	5
张掖市	-0.584	1.569	-1.024	-0.04	7	37.11	7
甘肃省	-0.191	0.120	-0.227	-0.10	8	38.75	6
平凉市	-0.889	1.132	-0.799	-0.28	9	31.65	8
武威市	-0.400	-0.312	-0.141	-0.30	10	30.88	10
甘南州	-0.309	-1.001	0.749	-0.32	11	25.98	13
天水市	-0.461	-0.779	0.672	-0.35	12	31.11	9
定西市	-0.960	0.074	-0.311	-0.51	13	25.83	14
临夏州	-0.597	-0.753	-0.682	-0.56	14	26.69	12
陇南市	-0.312	-2.322	-0.908	-0.81	15	23.37	15

根据表 5-6 城镇化质量的综合得分情况可以对甘肃省各地区城镇化发展情况作以了解。2012 年甘肃省各州市的城镇化质量得分最高的是嘉峪关市，其得分值 1.45 远高于排名第二的酒泉市的 0.59，得分最低的陇南市只有 -0.81，与嘉峪关的城镇化质量得分相差极大。甘肃省 14 个州

市中城镇化质量得分大于0的只有嘉峪关、兰州、酒泉、金昌、庆阳五个地区，其余9个地区得分均小于0，且排名落后于甘肃省平均水平。结合第三章的分析我们知道，2012年甘肃省的城镇化质量排名在全国各地区中已经处于落后位置（指标体系有所不同，但反映的实质并无大的差别），但甘肃省内的多数州市却仍旧落后于甘肃省平均水平，并且有一些地区与甘肃省平均水平差距还很明显，这体现出甘肃省内各州市城镇化质量水平的显著不平衡性，呈现出明显的两极分化局面。为了与城镇化质量排名情况进行对比，表5-6也列出了甘肃各州市的城镇化率水平值及排名，而城镇化率的数值也再一次印证了各州市发展水平不均衡的现实，城镇化率水平遥遥领先的嘉峪关市比排名最后的陇南市城镇化率水平高出70个百分点，省内9个州市的城镇化率水平都低于甘肃省的水平，更不用说与全国其他的地区比较。

（三）聚类分析

为了进一步划分城镇化质量等级以及验证以上的排名，本部分采用系统聚类法对以上15个地区的指数化后的数据进行聚类分析，样本间的距离计算公式采用的是平方欧氏距离，聚类方法使用的是Ward法，聚类结果的树状图如图5-2所示。根据聚类分析的结果，可以将15个地区分为三个类别，嘉峪关为第一类，兰州、金昌、酒泉为第二类，其余地区为第三类。

从分类的结果看，第一类中的嘉峪关，其城镇化质量处于全省的领先地位。在城镇化质量指标体系的构成要素中，嘉峪关市无论是经济社会发展水平，还是城市建设、农村发展方面都处于很大的领先优势，无疑是甘肃省城镇化实力最强的地市；唯一不足的是，作为一座新兴的工业城市，嘉峪关市在环境质量方面稍显欠缺，今后需在发展过程中做好生态环境的保护工作。第二类中的兰州作为甘肃省的省会城市，是全省政治经济的中心，经济社会发展比较先进，金昌和酒泉都拥有丰富的矿产资源，带动了当地的经济社会发展。第三类地区中的大多数无论是经济、社会发展还是城镇建设、环境水平都发展不到位，今后城镇化发展的任务比较繁重，也是全省城镇化建设需要重点考虑的地区。聚类分析的结果与因子分析的结果整体上较为一致，说明了本部分测度的科学性与合理性。

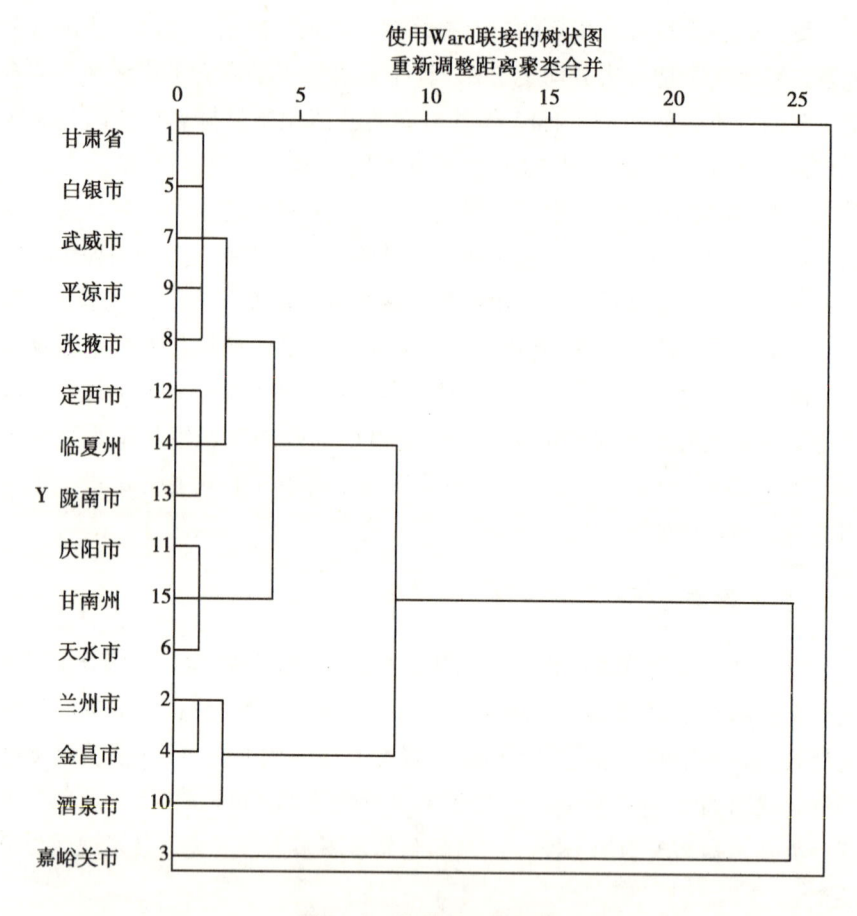

使用Ward联接的树状图
重新调整距离聚类合并

图 5-2 聚类分析树形图

三 甘肃省城镇化空间结构分布与动力机制

(一) 甘肃省城镇化发展的空间结构特点

对甘肃城镇化分布的空间结构研究，本部分主要从两个方面来进行，分别是甘肃省城乡发展的分布特点和城镇分布的格局特点。城乡发展的协调思想要求在城镇化建设过程中，一方面要重视城市的规模扩大和发展进化，另一方面要注重城市经济对农村地区的辐射和带动作用，通过城市的经济扩散作用带动农村地区的经济发展和空间开发，从而使得城乡二元空间结构逐步转变为城乡一体的空间结构。城镇分布格局的协调则要求通过对本省城镇体系分布格局的合理规划，使城镇空间分布合理，各种规模和功能的城市相互协调发展，并实现区域间城镇化发展的分工协作与协调联动。

1. 甘肃省各地区的城乡发展水平研究

（1）城镇化质量空间分布

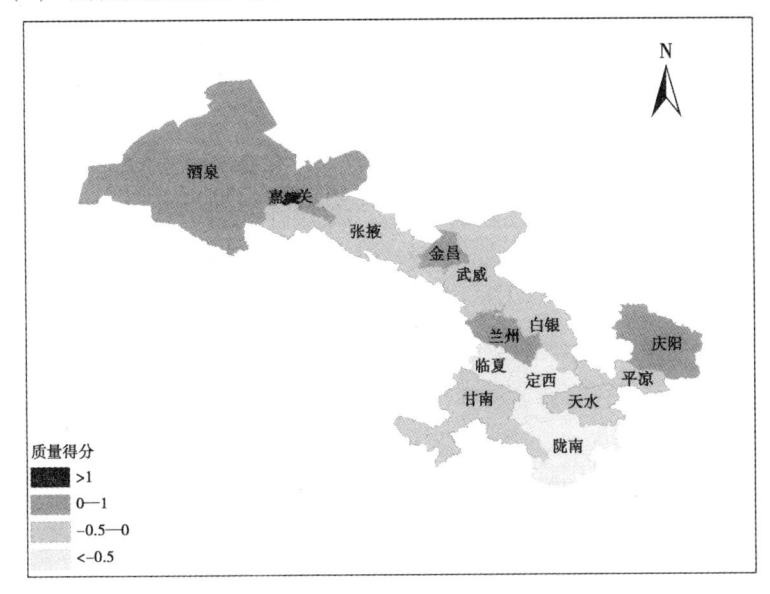

图 5-3　2012 年甘肃省城镇化质量的空间分异

城镇化的质量水平可以在很大程度上反映出一个地区城镇发展和农村发展的现状，因此本部分先通过城镇化质量的得分分布来对各州市城镇化发展的整体水平进行把握。图 5-3 是根据本章第三部分测度的 2012 年甘肃省各州市的城镇化质量得分情况绘制成的，它反映了甘肃省城镇化质量分布的空间结构特点。根据 2012 年甘肃省各州市的城镇化质量得分情况，得分最高的嘉峪关市为 1.45 分，甘肃省的得分为 -0.10 分，得分最低的陇南市为 -0.81 分。而结合第三章所做的 2012 年全国各省份城镇化质量排名情况，甘肃省位居第 29 位，因此，在这里制定的得分区间依据是城镇化质量得分大于 1 的为城镇化质量较高的地区，得分在 0—1 之间的为质量一般的地区，得分在 -0.5—0 之间的为质量低下的地区，得分小于 -0.5 的为质量严重低下的地区。

从图 5-3 来看，2012 年甘肃省城镇化质量分布整体具有"西北高、东南低"的特点，河西五市中嘉峪关、酒泉、金昌三个地区的城镇化质量都属于相对较好的水平，张掖和武威虽然质量相对低下，但也强于东南部的多数州市。而整个陇东南地区的城镇化质量就相对地不容乐观，虽然这一区域的兰州市和庆阳市城镇化质量在甘肃省也相对领先，但是多数州市如甘南、天水、平凉、白银等，城镇化发展质量过于低下，低于全国多数地区的水平，陇东南地区的临夏回族自治州、定西市、陇南市这三个地区的城镇化质量严重低下，已经远远落后于全国的大多数地区，如何加快提升这些地区的城镇化质量水平，已经到了刻不容缓的地步。

（2）城乡收入比空间分布

城乡经济水平的对比可以较直接地反映出各地区城乡发展的差距情况，也可以从一定程度上反映地区城镇化发展的城乡协调性。在此分别选取各州市城镇居民人均可支配收入和农村人均纯收入作为城镇、农村经济发展水平的指代性标准，以城乡收入比例的情况作为对其城乡经济协调水平的衡量，从而反映地区城乡发展的协调状况。2012年我国31个省区中，城乡收入比值最低的省份是黑龙江省，这一比值约为2.06[①]，比值最高的贵州省这一数据则达到3.93，全国平均水平为3.10，比值在2.5以下的有8个省区，得分在3.5以上的有5个省区，其中甘肃省的值为3.81。因此，本部分划定城乡收入比小于2.5为城乡发展协调型，比值在2.5—3.5为协调程度一般型，比值在3.5—4为发展失调型，比值大于4为严重失调型。

结合甘肃省的对应数据，河西五市在城乡收入协调方面整体做得较好，城乡收入比基本维持在3.0以下，酒泉、嘉峪关和张掖三个市的城乡收入比小于2.5，协调度处于全省的最优水平。相对而言，整个陇东南地区的城乡收入协调情况就很不容乐观，除省会兰州外，其他各州市的城乡收入比都达到了3.5以上，城乡发展失调，其中白银和陇南两个市的城乡收入比甚至高于4，属于城乡发展严重失调型。

因此，就甘肃省城乡发展的情况看，河西地区的发展是相对领先的，城镇化质量和城乡发展协调性都相对较好，省会兰州发展也比较领先，但其他大多数的州市城乡发展的问题都比较明显，特别是陇南、定西、临夏等地区，城镇化发展和城乡协调方面的问题突出。

2. 甘肃省各地区城市建设的空间分布

（1）城镇化率的空间分布

依据美国地理学家诺瑟姆传统城市化进程的划分理论，2012年甘肃

---

① 注：相关数据通过《中国统计年鉴2013》相关指标核算得到。

省14个州市中，只有嘉峪关和兰州的城镇化率高于70%，处于城镇化的后期阶段；金昌、酒泉、白银、张掖、平凉、天水、武威的城镇化进程处于中期阶段，即城镇化率介于30%和70%之间；其余各州市的城镇化水平都低于30%，处于城镇化的初级阶段。可见，甘肃省的城镇化水平也大体表现出从西北往东南递减的趋势，河西五市的城镇化率水平整体上依旧领先于陇东南地区。值得注意的是，在甘肃省14个州市中，2012年城镇化率水平低于30%的占到了5个，这些地区的城镇化率水平无论是从全国来看，还是从西部地区来看，都毫无疑问的处于明显地落后位置，2012年甘肃省各州市中城镇化率水平高于全国平均水平（52.27%）的仅有嘉峪关、兰州、金昌三个地区。

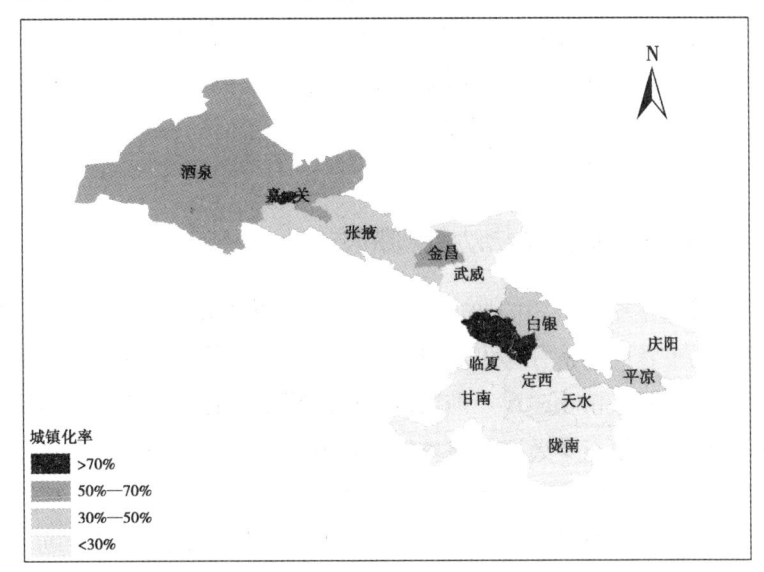

图5-4 2012年甘肃省城镇化率的空间分异

（2）甘肃省城镇体系的空间结构分布

从全省城镇分布的空间格局看，甘肃省14个州市中有9个沿着西陇海—兰新线分布，包括河西五市和陇东、陇中地区的兰州、天水、白银、定西等，这些城市组成了全省经济发展的重要增长带。此外，黄河支流及其他的一些交通沿线也聚集了大量的居民点。当前，省级公路包括高速公路等已经覆盖了全省的大部分地区，甘肃省未来的城镇建设可以有效地依赖不同等级的交通线路，进一步形成大中小城市协调发展的局面。受复杂自然条件的限制，甘肃省的城镇分布也呈现着沿河分布和沿资源开发带分布的特点。黄土高原地区城市多分布在黄河、渭河、大夏河等河流谷地和盆地。河西地区的城市多分布在三大内陆水系（石羊河、黑河、疏勒河）的绿洲中心地区。而随着甘肃资源的开发，甘肃也相继形成了许多沿资源带的城市。如随着镜铁山铁矿开发而兴起的钢城嘉峪关市，随着龙首山镍矿资源的开发而形成的金昌市，此外，还有类似的玉门市、白银市等。

受地形、资源、交通、水源以及经济社会条件等影响，甘肃省的城镇分布形成了以兰州为中心，以陇海线为纵轴，以黄河谷地为横轴的十字形构架，这样的分布局面又受到甘肃省经济社会发展状况的制约，难以在短期内做出改变。另外，兰州、陇东地区、河西地区等区域的城镇体系也分别是依托各自的中心城市，城镇的分布密度从中心向周围递减。但是在今后一段时期内，如何在城镇分布基本定型的前提下，适当地扩张现有城镇的规模以提升这些城镇的发展级别，如何提高已有城镇的自身发展能力和服务能力，提高其经济的聚集效应和带动效应，却是甘肃省在城镇化建设过程中大有可为的地方。

（二）甘肃省城镇化的动力机制研究

甘肃城镇化动力机制的选择必须针对甘肃城镇化发展中存在的问题，紧密结合甘肃省的经济社会发展特点，有重点、有层次地展开，以更好地服务于甘肃省的城镇化建设。前面内容已经指出，甘肃省属于我国城镇化发展类型区中的第三类地区，该类地区在城镇化发展的动力方面具有市场化程度弱、依赖传统工业和第一产业、比较利益驱动不明显、开放水平低等问题，因此，甘肃省城镇化发展动力机制的选择，应当注重从以上方面努力。此外，制度层面和基础设施层面的因素也是一个地区发展城镇化不可忽视的方面，因此，甘肃省城镇化发展的动力机制也应当包括这两个方面。

1. 制度层面的动力机制

加快甘肃城镇化进程，首先要制度创新。我国城镇化发展过程中诚然存在诸多方面的限制与阻碍条件，但制度障碍却是城市发展滞后的深层原因。在当前的城镇化发展过程中，虽然传统的计划经济体制框架已经解体，但是这种计划经济的影响力仍然存在并有所体现，特别是城乡分割制度、农村土地制度、社会保障、农村教育文化发展等，仍然受到各种制约和限制。因此，甘肃省要通过深化改革，消除不利于推进城镇化的各种体制性障碍，理顺城镇化及城镇发展过程中的各种体制。改变束缚农民进城的政策规定，在户籍管理、土地流转、就业、城镇建设等方面进行制度创新。此外，通过金融制度的创新和市场化操作，可以有效地解决城镇化建设过程中资金不足的问题，为城镇化建设提供资金和信贷等的支持。

2. *基础设施层面的动力机制*

基础设施建设是支撑和保障城乡社会经济活动运行的基本要素，城镇化建设的基础。因此，无论发达国家还是发展中国家都很重视在公路、铁路、港口等的建设投入。城镇基础设施落后，功能不全，会严重影响企业的发展和城镇居民的生活，也会对农村人口向城市的迁移造成不利影响。只有基础设施良好和配套功能齐全才能吸引企业和人口向城镇集中。

甘肃省当前应该按照现代城市发展的要求，加强本省的城镇基础设施建设。首先，加强交通、通信、供电、供水等的设施建设，改变影响城市良好发展状况的基本设施条件。其次，重点提升科学、教育、卫生、体育、文化娱乐等方面的设施水平，提高城市人口的科学文化素质和身体素质，为经济社会发展提供强大的人力资本支持。最后，重视城市生态环境的维护，鼓励和引导工业企业向着低耗能、少污染的方向发展，加强城市的环保设施建设，不断提升城市的绿化覆盖率，发展清洁生产。在城镇基础设施建设的同时，也要认真搞好农村的基础设施建设，农村的发展既是城镇化发展质量的重要组成部分，也是缩小地区城乡发展差距、促成城乡协调发展的不二选择，在城乡的基础设施建设方面不可偏颇。

3. *产业发展方面的动力机制*

产业的发展和演进在地区城镇化发展中的重要作用是毋庸置疑的。未来一段时间，甘肃省在产业发展方面应该从以下几个方面努力：首先，合理布局二三产业，尤其是发挥第三产业在城镇化发展中的重要作用。甘肃省由于自然资源相对丰富，第二产业的发展在经济发展中的比重并不是很低，但甘肃省城乡经济发展水平却都处于全国的落后位置，这反映出传统的工业模式在推动地区经济发展方面存在一定的不足。这要求甘肃省在今后的发展中，要注重改造和提升传统工业部门，走新型工业化道路，以新型工业化带动城镇化建设。同时，要注重第三产业的发展，稳步提升第三产业在经济发展中的比重，以吸收就业人员、提升居民收入水平、实现经济升级。其次，重视发展农业，提高农业发展的技术水平，走农业现代化之路。农业为国民经济发展提供基础产品，事关国家发展大局的稳定，在城镇化建设过程中更是扮演着特殊的重要角色。甘肃省当前农业的发展受到气候、地形等方面的制约,农业生产效益相对低下。在这种情况下,应当不遗余力地加大对农业生产的科技投入,一方面要改善农业生产的设施条件,为农业发展提供适宜的现代化工具和资源;另一方面要着重提升农民的文化素质,加大农业生产知识的普及广度和深度,从而提高农业生产效率。此外,要加快推进农业产业一体化,将农产品生产、加工、销售等环节统一起来,以提高农产品的附加值,提高农业生产的综合效益,形成农业发展的良性运营机制,加快本省的农业现代化建设。

4. 市场与政府相结合的动力机制

城镇化过程的主要实现手段有两个:一是充分发挥市场在调节和配置资源方面的作用,经济主体自主地进行城镇化;二是发挥政府的调控和推动作用,通过行政力量主导和影响城镇化发展。但是,根据我国的实际情况,单纯地依靠市场或政府都难以起到很好地推动城镇化发展的作用。一方面,市场虽然可以有效地调节和配置资源,但其本身也存在着一定的弱点和缺陷,如盲目性、滞后性等特点,这可能导致贫富分化、收入差距过大、失业和社会动荡等问题;另一方面,单纯地依靠政府作用,可能导致行政的低效率和发展目标的短视性,影响经济效率的提高和城镇化建设的合理进行。因此,在甘肃省城镇化发展过程中,必须将市场和政府作用结合起来。一方面,充分发挥市场配置资源的作用,使其成为城镇化发展的基础性力量,保证和加快资源在城乡市场上的充分合理流动,以市场来推进城镇化;另一方面,作为对"市场失灵"的补充,政府也要在城镇化过程中扮演好引导角色,做好监督和管理工作,并发挥提供公共服务的作用,做好社会保障工作等。总之,市场组织和政府组织在城镇化发展中分别扮演了意义重要的不同角色,甘肃省在城镇化发展过程中,需要将两种手段结合起来,不可偏颇。

5. 基于比较利益与对外联系角度的动力机制

甘肃省应当以空间分类为指导,通过加强区域联系来促进本省城镇化的发展。甘肃省的城镇化数量和质量水平,包括经济发展水平都处于我国的落后位置,而省内不同地区的城镇化发展也呈现出明显的不平衡特点。这决定了甘肃省城镇化发展一方面要借鉴先进地区的发展经验,另一方面也要统筹本省内部各地区的平衡发展。甘肃省各地区的发展路径应该符合本地区的特点,做到统筹性与自主性的结合。河西地区经济发展相对较好，应当合理规划本地区的城镇体系，形成合理的城镇分布格局，注重临近城市间的分工与合作，加强城市对周边区域的辐射作用。甘肃中部地区区位优势相对明显，起着承东启西、南北过渡的作用，具有明显的交通优势和区位优势。省会兰州要进一步提升自身实力，实现产业结构优化升级，大力提升科技水平，发展现代服务业，成为全省城镇化建设中的模范城市。白银市要发挥资源优势，改造传统工业，发掘新的经济增长极等，提升白银市的城市规模和等级。甘肃东部和南部地区是经济发展相对落后的地区，这些地区要充分发挥在经济作物如马铃薯、中药材、果品等生产方面的优势，提高农产品的收益水平，加快发展乡镇企业，同时要加大对旅游业的宣传，大力发展旅游业，保护地区环境，稳步实现人口城镇化的实现和城镇规模的发展。同时，甘肃省城镇化的发展也离不开与周边地区甚至中东部地区的联系，要加强甘肃省发展过程中的对外联系程度，充分发挥本省的比较优势，加强与其他地区的经济交往，提升本省经济发展水平和城镇化建设水平。

四 甘肃省城镇化发展的对策建议

甘肃省城镇化数量指标和质量指标都处于我国的落后位置，既有经济发展的历史差距、文化基础、投资的地区差异等方面的原因，也与甘肃省所处的地理位置和区位、自然条件等原因是分不开的。作为我国西北地区的一个省份，地形地势的复杂限制了城市的建设和规模的扩张，加之干旱半干旱的气候特点，使得一些地区的农业发展也受到很大的限制；自然环境的限制以及水资源的相对缺乏使得城市工业的发展受到局限，而没有工业一定程度的发展，第三产业和服务业的发展更是大受掣肘。此外，由于所处地理位置的相对偏远和交通的闭塞，甘肃省经济发展的对外交流，甚至省内各地区的交流都远不如东中部地区那样频繁，这自然不利于区域间的取长补短和各地区比较优势的发挥等。总的来说，甘肃省经济社会发展中诸多不利因素的合力造成了甘肃省城镇化发展的落后，而如何克服这些不利因素以使得甘肃省城镇化建设真的获得一个质的飞越，则又是一个艰巨而又漫长的过程。本研究认为，甘肃城镇化建设过程中，一方面需要借鉴先进地区城镇化发展过程中的经验，从大的方面找好着力点；另一方面，也是更重要的，把城镇化建设的重要方面认真地与甘肃省的省情结合，与本省的自然条件、区位条件、经济条件、社会条件、设施条件等结合起来，从而真正地从实质上提高甘肃省的城镇化发展。

（一）制度创新是加快甘肃城镇化发展的根本保证

加快甘肃省的城镇化进程，首先需要加快制度创新。从我国的城镇化发展历程来看，制约城镇化发展的原因有许多，但制度障碍的确是城镇化发展滞后的深层原因。甘肃省也不例外，要保证甘肃省城镇化建设的顺利进行，首先要从制度方面努力。

1. 推进户籍管理制度改革，允许人口的自由流动。规范城镇人口登记管理制度，合理推算当前城镇的接纳能力，放宽户口准入限制，为农业转移人口市民化"松绑"，使更多农民转化为城镇居民。同时，对于取得常住户口的居民，应赋予其和常住地居民同样的权利及义务，如享受社保的权利等，以增进其对城市的认同感，激发其创造活力，保证城市社会的稳定与发展。此外，有学者统计测算得出结论，当外来居民在城市获得户籍和真正的市民身份后，其消费数量要比之前高出30%，可见户籍的确立对地区消费水平的拉动也大有裨益。因此，户籍制度改革最为紧迫的问题是先要解决已经在城市中稳定工作、生活，但仍为当地户籍所排斥的那部分人群的户籍问题。

2. 完善社保制度，保障城镇化过程中的居民权益。在统计"提升"城镇化率的时候将农村务工人员当城里人，在真正付出城市福利的时候又不把务工人员当城里人，这显然是不合适的。因此，对于那些迁入城市且有稳定收入的农村人口，应该准予获得城市户籍，并将其纳入城市社会保障体系，在其真正融入城市的情况下，可以进一步地要求其放弃在农村的承包土地，这也有利于一部分农村土地解放出来。对于那些在城市工作与收入尚不稳定的人们，可以使其养老保险、医疗保险等与所在企业挂钩，由政府监督其所在企业为其支付一定比例的保险额，企业与个人的缴费全部记入个人账户。对此类人员，可以保留其土地，以便于其返回农村继续从事农业生产。最后，政府财政应该负责为市民建立最低生活保障，免除农民市民化的后顾之忧，切实维护农民在城镇化过程中的权益。

3. 改进土地制度，强化农民对土地的支配权。我国20世纪80年代的改革虽然使农民获得了土地的使用经营权，却没有使他们获得土地转让权。土地承担了为农民提供基本生存保障的功能,而农民则被户籍制度束缚在了土地之上,有保障而无法获得高收入。事实证明,清晰的转让权不仅能促进资源进行更高效率的流转,也能使产权所有者有保障地分享到财富的增长。因此,甘肃省在城镇化过程中一方面要落实农村土地承包经营权和农村宅基地使用权长久不变的政策(已经取得城镇户口的除外),使农民在城镇化过程中拥有可供遮风挡雨的港湾;另一方面要逐步允许土地使用权的流动和转让,由市场来配置土地资源,以提高其利用效益,增加农民的收益。

4. 加强基础设施建设,推进城乡公共服务一体化。所谓"兵马未动、粮草先行",基础设施建设为城镇化建设搭建了重要的平台。甘肃省城镇化的建设,要将基础设施建设与统筹城乡公共服务体系建设结合在一起,推进城乡公共服务一体化。一是要加强交通通信、公共建筑、供水、供电、供热等基础设施建设。甘肃省城乡基础设施落后,交通和通信成为制约其城镇化的主要因素;因为当今社会系统的有效性是由人流、物流、能源流、信息流、资金流等的速度和质量决定的,而交通和通信正是其载体。对甘肃省而言,当务之急是加强各地区特别是相对贫困地区的基本道路设施建设。此外,供电、供水与供热等,也是保障居民生活水平的重要设施,这些也是在城镇化发展过程中不应该被忽略的。二是要提高和改善城乡教育水平,为城镇化建设提供智力和人才支持。要统筹城乡基础教育,通过中央、地方政府共办教育的方针,加大对教育的资金投入。要大力普及九年义务教育,保证义务教育的质量,巩固教育成果的普及,使接受教育的农村学生达到与同级城市学生同样的水准。要特别重视民族地区教育的普及,并在有条件的地区适当延长义务教育的年限。三是要提高财政保障城乡公共事业的水平,逐步实现城乡公共服务均等化。在就业方面,加快形成公平竞争的就业环境,改变城市单位歧视农村务工人员的状况。医疗卫生方面,要整合城乡卫生资源,健全农村医保体系,促进农村医疗卫生事业的发展等。

(二)产业协调发展是甘肃省城镇化建设的重要支柱

产业发展的水平直接影响着城镇整体功能的运作,甘肃省要坚持把产业发展作为城镇化建设工作的重中之重,以产业结构的优化为城镇经济发展提供内在动力和强大引擎。要坚持政府主导、市场运作,加强政策引导，拓宽融资渠道，加大扶持力度，通过制定和实施优惠政策来支持相关产业的发展。

具体而言，第一产业方面要结合农业生产的自然资源和气候特点，立足干旱半干旱的气候特点，大力发展旱作、高效、特色农业，突出品种改良、品质提升、品牌打造，促进农业专业化布局、标准化生产、产业化经营。要突出发展牛羊产业，大力发展规模养殖，深入实施良种工程，加快草料开发利用，强化动物疫病防控，加大技术集成创新，加快建设肉牛、肉羊、奶牛三大产业带和猪、鸡、渔养殖基地，发展养殖示范园区，培育优势产业集群，促进产销利益联结，初步建立起体系完整、特色鲜明、布局合理、产业配套、安全高效的现代畜牧业产业体系。第二产业方面要坚持推进科学发展的主题，遵循加快经济发展方式转变为主线，因地制宜地推动各地区的发展。河西地区要加快以新能源和有色金属新材料基地建设，陇东南地区要依托资源和产业优势，加快能源化工和先进制造业基地的建设。同时，要重视提高工业发展中的科技含量，加快高技术产业建设，同时要注重工业发展中的资源节约和环境保护，保证工业化发展的科技含量和环境质量。第三产业方面要大力发展旅游、文化、现代服务业等，进一步加大对本省旅游资源的宣传，发挥西北地区大山大河的旅游资源优势，吸引国内外游客的到来。要大力发展生产性服务业，加快发展法律、广告、咨询、现代金融等现代服务业类型，提升其对经济发展的贡献。同时要积极发展农村第三产业，努力拓展农村剩余劳动力转移的新模式，引导农村剩余劳动力进入乡镇企业工作，减轻城市的就业压力。

（三）城镇空间合理布局是甘肃省城镇化发展的重要推动

1. 根据城镇分布特点，确立发展重点。西陇海—兰新线无疑是甘肃省城镇化水平和质量提升的重要环节。甘肃省未来城镇化的发展，要优先考虑本省位于西陇海—兰新线的大小城市，依托交通区位，扩大沿线城市的规模，在可接受的范围内，增加沿线城市的人口数量，提高城镇化率水平，并通过沿线主要城市的发展带动全省其他地区的发展。要发挥兰州、天水、白银等大中城市的辐射作用和带动作用，并依托本省的铁路、公路要道形成城镇体系的带状分布，实现全省城镇体系的快速建设。

2. 在空间分布形成的基础上，确立大中小城市、特大镇协调发展的格局。首先，甘肃省的地理特点和经济发展要求其发展大中城市。一方面甘肃省的区域条件以及交通设施等条件限制了其城市建设数量的进一步增加,所以要想提高城镇化水平,扩大原有城市的规模,提高其吸纳人口进城的能力就显得很重要。另一方面,甘肃省目前缺乏大中城市,这在很大程度上也影响了城市的科技发展、经济集聚作用,及其对周边地区的辐射作用,不利于全省经济水平的提高。此外,虽然多数学者对目前城镇人口密度大、环境污染等问题提出了质疑,但甘肃省在发展大城市的过程中,如果妥善处理各种问题,就可以有效地规避人口密度大、环境污染、"城市病"等问题。如城市人口的增加、人口密度变大并不一定意味着城市拥挤,或者绿地面积减少等问题。这是由于高层建筑往往具有较高的容积率,而城市规模的扩大,有利于发挥规模效应发展更密集和便捷的轨道交通。此外,通过立体或者垂直的绿化则可以在不增加绿化占地面积的同时提高绿化率;大中城市的建设使得工业、服务业等集中起来,也可以减轻环境污染的程度,原因在于,在聚集过程中,排污和治污都有集聚效应,比把人口摊开的污染程度总量要轻,另外,城市扩张过程中,将更有利于服务业的发展,而服务业比制造业更"绿色"。至于所谓的"城市病"问题,主要是由于城市的公共服务设施与城市的实际发展不匹配,这需要政府在公共服务方面做出努力。除此之外,甘肃省也要鼓励和支持小城市的发展,更重要的是要保证其发展的质量和设施建设水平等。

当前我国城镇化研究中出现了"特大镇"的概念,指的是人口规模、经济实力已经达到或者超过设施标准,甚至达到中等城市标准,却依然执行乡镇管理体制的城镇。本研究认为,特大镇的建设也是比较适合甘肃省省情的。当前甘肃省有大量的外出务工人员,而这些人员中由于家庭、亲人等的羁绊,有许多在城市定居的愿望并不强烈,而特大镇的建设则可以实现其"家门口的就业",因而有效吸收本省各地区的外出务工人员。同时,特大镇的建设可以有效地把农业的产业化经营、农村的工业园区建设等结合起来,很好地促进地区的农村发展。当然,特大镇的合理建设也需要解决好公共服务的问题,如此,也可以通过特大镇在户籍、公共服务等方面的改革来逐步推进大中小城市的改革。

总而言之,在现代化的进程中,城镇扩张是一个快变量,而乡村的消亡则是一个慢变量,在甘肃省的城镇化建设中,必须坚持大中小城市和特大镇协调发展并行不悖、城镇化与新农村建设双轮驱动并行不悖的原则。

（四）城乡生态环境的友好发展是甘肃省城镇化质量的有力支持

首先，要大力发展循环经济。循环经济是以资源的高效利用和循环利用为目标，以"减量化、再利用、资源化"为原则，把清洁生产和废弃物的综合利用融为一体的经济。考虑到资源的稀缺性，甘肃省在发展经济的过程中要不断提高对资源的利用效率，促进资源的回收和加工利用水平。在社会消费环节要大力提倡绿色消费等。总而言之，要加大节能减排的力度，实现集聚生产，并要加快推进资源型城市的可持续发展。

其次，加强节能减排工作，要调整能源结构，推广使用节能技术和产品。要采取技术上可行、经济上合理以及环境和社会可以承受的措施，从能源生产到消费的各个环节，降低消耗、减少损失和污染物排放、制止浪费，有效、合理地利用能源。政府要加强监督，督促企业加强节能目标的实施，限制污染性企业的发展。此外，要围绕资源高效循环利用，积极开展替代技术、减量技术、再利用技术等，突破制约循环经济发展的技术瓶颈。

最后，要合理开发和利用资源。考虑到本省的实际，要集约利用和保护耕地，控制不合理的土地资源开发行为。保护性地利用和开发荒山、荒滩等，提高资源保障能力。要合理开采利用矿产资源，并做好地表的恢复工作。此外，要科学合理地开发风能、太阳能等新能源，缓解对不可再生资源的过度依赖。

（五）提高真实度与协调度是甘肃省城镇化建设的重要保障

近些年来，甘肃省的城镇化率水平处于不断的上升之中，并且可以预计未来一段时间仍会保持着较快的增长速度，但是城镇化建设断不能只看到城市人口数量的增加，而忽视了其他方面的重要问题。甘肃省在城镇化建设过程中，有一些重要问题是不可不着重解决的，如贫苦地区的扶贫问题、民族地区的发展问题、教育水平的提升问题、城市发展的和谐问题等。本研究认为，对于贫苦地区的发展，一方面是各级政府要尽可能地给予援助，协助其脱贫致富；另一方面，更重要的是要提高当地人的自力更生能力，授人以鱼不如授人以渔，政府要把更新其观念、为其提供发展机遇等与当地人的努力奋斗结合起来。对于本省一些地理条件很差的贫困地区，可以适当地允许当地人整体搬迁。民族地区也往往是本省发展较为落后的地区，对民族地区的发展而言，更新其观念、提高其人口素质、加强其市场经济的思想意识尤为重要；因此，要严格保证民族地区的教育质量，提升其整体素质，并要在民族地区发展过程中保护好自然环境和民族文化。教育水平的高低决定了一个地区的人力资源水平，甘肃省作为我国的落后省份，更要保证人口的教育水平，可以说，教育水平的提高、人口素质的提升，对一个地区的发展意义重大，第二次世界大战后日本迅速崛起的一个重要原因就是对教育的重视。通过提高本地的教育水平，为城镇化建设提供重要的人力资源和科技、智力保证，是甘肃省未来城镇化发展的巨大潜力。此外，在城市发展中，要注重城市文明的建设，也要保证城市的和谐发展。城市发展提高了地区的经济水平，然而城市文明的建设如果跟不上，导致城市人口素质欠缺、违法犯罪横行等，不仅不利于当前城市的和谐发展，也无益于城市未来的发展。

结　　语

在我国城镇化建设的大局中，由于地理区位、经济水平、政策指向、文化差异等因素的影响，我国不同地区、不同省份的城镇化发展呈现出不同的特点，区域间的城镇化发展水平和质量发展差距逐渐显现。这意味着未来我国的城镇化发展过程中，如何不失时机地促成各地区的快速发展，如何兼顾地区间的城镇化发展平衡问题，如何使得地区间的城镇化发展相互联系相互促进，都是必须重点解决的问题。本研究就是着眼于我国城镇化的区域发展特点与区域间的响应问题，在此基础上研究各地区城镇化发展的动力机制，提出发展的对策措施。

我国城镇化发展经过了数十年的时间，经历了从传统城镇化到中国特色城镇化道路的转变，并逐渐按照新型城镇化的要求坚持和实施城镇化建设。新型城镇化道路是对中国特色的城镇化道路的继承和发展，反映了我国城镇化建设不断演进的过程。无论是中国特色的城镇化还是新型城镇化道路，无法回避的一个问题就是中国城镇化发展的区域差异问题，本研究从我国城镇化发展的区域分异性出发，从区域经济发展、城乡关系、城镇空间格局、城镇化功能承担等不同的视角对我国各地区的城镇化发展情况进行分类，并最终形成了我国城镇化发展的三大类区域。然后，在对城镇化发展区域分类的基础上，研究得出了以下结论：

首先，动力机制的因素对各地区的城镇化发展程度起到重要决定作用。导致中国城镇化发展区域差异性的原因很多，本研究主要从动力机制的视角解释了城镇化的区域差异。各地区城镇化发展的动力机制及其作用程度有较大的差异，如市场化程度、产业结构、城乡差异、开放程度等在各地区的存在方式和效果程度都不相同。城镇化发展较好的一类地区，在城镇化发展动力方面，市场化程度较高，产业结构相对优越，开放程度也较高，这对该类地区的城镇化发展起到良好的助推作用。而相对于一类地区的城镇化发展，二类地区和三类地区在动力机制方面分别存在着不同程度的不足之处,今后这些地区的城镇化发展,应该向着更加注重市场的作用、加快产业结构的优化升级以及扩大开放水平、加强区域合作等方面努力。

其次,各地区城镇化发展质量的差别基本与其城镇化发展程度一致。本研究运用统计软件对2012年我国31个省、市、自治区的城镇化质量进行测度,并根据测度结果进行分类,分类的结果也与城镇化发展的三大类型区域相互呼应,即城镇化质量比较高的地区,往往是一类城镇化区域,城镇化质量较差的地区,往往位于三类城镇化区域。可见,二、三类区域的城镇化发展,既要注重速度,也要保证质量。

最后,我国城镇化发展的政策制定,既要统筹规划,又要因地制宜。根据我国城镇化发展的实际和新型城镇化建设的要求,我国在未来一段时间的城镇化建设,要认真贯彻以人为本、质量为重、城乡同步、区域协调的理念,在政策选择方面,要注重城镇化发展中公民权利的均等性、环境友好性、地区差异性、区域联动性等,使我国的城镇化建设能够平稳、快速、健康地发展。

研究发现,我国城镇化发展大局中,东部地区多数省份城镇化发展的数量水平和质量水平都比较领先,属于我国城镇化发展区域分布中的一类地区,这些地区经济水平高,城乡发展程度高,是我国经济发展和城镇化发展的核心地区。但是,我国中西部地区的多数省份则相对落后,特别是西部地区的一些省份,城镇化率和城镇化质量都很低,属于城镇化发展区域分布中的二、三类地区,城镇化发展的任务很艰巨。广大的中西部地区,尤其是西部地区,既是我国经济发展水平落后、城镇化发展水平落后的区域,又是我国贫困人口众多、民族人口聚集、自然条件较差、生态环境脆弱的地区,但同时,这些地区也具备了一定的发展优势,在我国的城镇化发展大局中,这些地区的城镇化建设必须予以特别的重视和关注。

对于像中国这样的地域辽阔的国家而言,由于地区发展的不平衡性,地区城镇化发展与协调问题无疑是摆在国家城镇化建设中的重要而又复杂的任务。本研究课题即是对这一重大问题的尝试性探索,通过分析和研究,本研究虽然得出了一些有价值的结论和对策,但相对于整个国家不同地区的城镇化发展大局,这样的研究是远远不够的,因此,我们希望今后会有更多的学者,对我国地区城镇化的发展问题进行研究,并不断地创新,以更好地指导我国的城镇化建设。

参考文献

[1] Shahid Yusuf and Weiping Wu, *The Dynamics of Urban Growth in Three Chinese Cities*, New York: Oxford University Press, 1997, p. 4.

[2] R. J. R. Kirkby, *Urbanization in China: Town and Country in a Developing Economy 1949—2000 AD*, New York: Columbia University Press, 1985, p. 200.

[3] Dwight H. Perkins, *The Influence of Economic Reforms on China's Urbanization*, form Chinese Urbanization: What Model Now, edited by R. Yin-Wang Kwok, M. E. Sharpe, Inc., 1990, p. 78.

[4] Gregory Eliyu Guldin, "Urbanizing China: Some Startling Conclusions", from *Urbanizing China*, Green Wood Press, 1992, p. 223.

[5] Marton A., *China's Spatial Economic Development: Restless Landscape in the Lower Yangzi Delta*, London: Routledge, 2000.

[6] Cook I. G., *Olympic Cities, City Agendas, Planning, and the World's Games, 1896–2012*, London: Studies in History, Planning and the Environment Series, E. & F. N. Spon / Routledge, 2007.

[7] 陈锋:《改革开放三十年我国城镇化进程和城市发展的历史回顾和展望》,《规划师》2009年第1期。

[8] 费孝通等:《小城镇、大问题》,江苏人民出版社1984年版。

[9] 温铁军:《中国的城镇化道路与相关制度问题》,《开放导报》2000年第5期。

[10] 刘纯彬:《中国城市化要以建设中等城市为重点》,《财经科学》1988年第7期。

[11] 肖金成、史育龙等:《中国特色城镇化道路的内涵和发展途径》,《宏观经济管理》2008年第11期。

[12] 王嗣均:《论中国现阶段大城市的成长》,《中国人口科学》1995年

第 6 期。
- [13] 张善余：《论我国大城市人口仍需要较大发展——兼论现行城市化方针应重新认识》，《人口研究》1993 年第 2 期。
- [14] 李迎生：《关于现阶段我国城市化模式的探讨》，《社会学研究》1988 年第 2 期。
- [15] 王颖：《城市发展研究的回顾与前瞻》，《社会学研究》2000 年第 1 期。
- [16] 蔡宇平：《加快城市化进程要处理好五大关系》，《经济师》2001 年第 10 期。
- [17] 梁青：《城市化动力机制：一个关于文献的综述》，《佳木斯学院学报》2011 年第 1 期。
- [18] 冯云廷：《城市聚集经济》，东北财经大学出版社 2001 年版。
- [19] 曹强：《我国城市化进程中政府行为和市场行为机制研究述评》，《河南理工大学学报》（社会科学版）2009 年第 1 期。
- [20] 曹培慎、袁海：《城市化动力机制——一个包含制度因素的分析框架及其应用》，《生态经济》2007 年第 5 期。
- [21] 施坚雅：《中华帝国晚期的城市》，中华书局 2000 年版。
- [22] 吴莉娅：《中国城市化理论研究进展》，《城市规划汇刊》2004 年第 4 期。
- [23] 王章辉、黄柯可：《欧美农村劳动力的转移与城市化》，社会科学文献出版社 1999 年版。
- [24] 岳文泽等：《甘肃城镇体系结构及其分形模型研究》，《地域研究与开发》2004 年第 2 期。
- [25] 鲁地：《甘肃推进新型城镇化的战略构想》，博士学位论文，兰州大学，2009 年。
- [26] 魏丽莉：《甘肃城乡协调发展问题研究》，博士学位论文，兰州大学，2011 年。
- [27] 陈秀山、孙久文：《中国区域经济问题研究》，商务印书馆 2007 年版。
- [28] 陈甬军：《中国城市化道路新论》，商务印书馆 2009 年版。
- [29] 范恒山、陶良虎：《中国城市化进程》，人民出版社 2009 年版。
- [30] 邓宏兵：《区域经济学》，科学出版社 2008 年版。

[31] 黄亚生、李华芳：《真实的中国——中国模式与城市化变革的反思》，中信出版社 2013 年版。

[32] 马保平、张贡生：《中国特色城镇化论纲》，经济科学出版社 2008 年版。

[33] 张继良：《以制度创新加快甘肃城镇化进程》，《兰州商学院学报》2003 年第 2 期。

[34] 杜延军、亢凯等：《甘肃城市化滞后的原因分析及对策建议》，《甘肃省经济管理干部学院学报》2006 年第 1 期。

[35] 张强、陈怀录：《甘肃省城镇化特征与发展战略选择》，《甘肃社会学》2010 年第 5 期。

[36] 卢伟军：《甘肃新型城镇化动力机制研究》，硕士学位论文，兰州商学院，2011 年。

[37] 王蕾：《甘肃城镇化水平测度及战略选择》，硕士学位论文，兰州大学，2010 年。

[38] 杨重光：《新型城市化是必由之路》，《中国城市经济》2009 年第 11 期。

[39] 钱振明：《中国特色城镇化道路研究：现状及发展方向》，《苏州大学学报》（哲学社会科学版）2008 年第 3 期。

[40] 王克忠、周泽红等：《论中国特色城镇化道路》，复旦大学出版社 2009 年 11 月版。

[41] 许才山：《中国城镇化的人本理念与实践模式研究》，博士学位论文，东北师范大学，2008 年。

[42] 肖金成等：《中国特色城镇化道路的内涵和发展途径》，《发展研究》2009 年第 7 期。

[43] 孙文慧、高向东等：《我国城镇化水平的省际差异及分类研究》2005 年第 3 期。

[44] 沙安文等：《中国地区差异的经济分析》，人民出版社 2006 年版。

[45] 张科举、杨欢：《中国地区城镇化差异影响因素研究》，《经济研究》2008 年第 9 期。

[46] 王良健、罗湖平等：《改革开放以来我国城市化水平区域差异的量化分析》，《西北人口》2005 第 6 期。

[47] 王培三：《我国城镇化发展进程中的区域布局差异因素分析》，《安

徽农业科学》2011年第9期。

[48] 王洪涛：《我国城镇化水平区域差异的原因分析》，《决策观察》2013年第3期。

[49] 汪冬梅：《中国城镇化问题研究》，博士学位论文，山东农业大学，2003年。

[50] 叶裕民：《中国城镇化之路——经济支持与制度创新》，商务印书馆2002年版。

[51] 何念如：《中国当代城镇化理论研究（1979—2005）》，博士学位论文，复旦大学，2006年。

[52] 杨万江、蔡红辉：《近十年来国内城镇化动力机制研究述评》，《经济论坛》2010年第6期。

[53] 姚世谋、陆大道等：《中国城镇化需要综合性的科学思维——探索适应中国国情的城镇化方式》，《地理研究》2011年第11期。

[54] 蔡秀玲：《中国城镇化历程、成就与发展趋势》，《经济研究参考》2011年第63期。

[55] 杨瑞林、李力军：《新型低合金高强韧性耐磨钢的研究》，《钢铁》1999年第7期。

[56] 张彦飞：《论推进城镇化进程与构建和谐社会》，《现代商贸工业》2008年第4期。

[57] 李君茹：《论加快城镇化进程与构建和谐社会》，《特区经济》2008年第2期。

[58] 白志礼、张绪珠、贺本岚：《中国四大经济区域的城镇化发展特征与趋势比较》，《软科学》2009年第1期。

[59] 李君茹：《论加快城镇化进程与构建和谐社会》，《特区经济》2008年第2期。

[60] 严书翰、谢志强等：《中国城市化进程》，中国水利水电出版社2006年版。

[61] 刘国新：《中国特色城镇化制度变迁与制度创新研究》，博士学位论文，东北师范大学，2009年。

[62] 辜胜阻、易善策、李华：《中国特色城镇化道路研究》，《中国人口·资源与环境》2009年第1期。

[63] 张同升：《中国城镇化发展的现状、问题与对策》，《城市问题》

2009 年第 8 期。

[64] 赵春淦:《中国特色城镇化道路研究》,博士学位论文,西南财经大学,2003 年。

[65] 胡际权:《中国新型城镇化发展研究》,博士学位论文,西南农业大学,2005 年。

[66] 曾宪明:《中国特色城市化道路研究》,博士学位论文,武汉大学,2005 年。

[67] 许才山:《中国城镇化的人本理念与实践模式研究》,博士学位论文,东北师范大学,2008 年。

[68] 徐永春:《中国特色的农村城镇化问题研究》,硕士学位论文,华中师范大学,2004 年。

[69] 谭云俊:《甘肃城镇化模式研究》,硕士学位论文,兰州大学,2006 年。

[70] 刘贤昌:《中国城镇化动力机制研究》,硕士学位论文,福建师范大学,2006 年。

[71] 刘亚娴:《我国城镇化建设与经济发展的协调性研究》,硕士学位论文,吉林大学,2009 年。

[72] 兰芳:《我国城镇化发展的问题与对策》,硕士学位论文,华东师范大学,2009 年。

[73] 谭静:《城镇化特征差异和成因分析》,硕士学位论文,中国城市规划设计研究院,2006 年。